3岁前进行智力开发的宝宝最聪明

总策划：杨建峰　主编：周会菊

江西科学技术出版社

图书在版编目（CIP）数据

3岁前进行智力开发的宝宝最聪明 / 周会菊主编.— 南昌：江西科学技术出版社，2014.11
ISBN 978-7-5390-5137-6
Ⅰ.①3… Ⅱ.①周… Ⅲ.①婴幼儿—智力开发 Ⅳ.①G610

中国版本图书馆CIP数据核字（2014）第254059号
国际互联网（Internet）地址：
http：//www.jxkjcbs.com
选题序号：ZK2014382
图书代码：D14184-101

3岁前进行智力开发的宝宝最聪明 周会菊主编

出　　版　江西科学技术出版社
社　　址　南昌市蓼洲街2号附1号
　　　　　邮编：330009　电话：（0791）86623491　86639342（传真）
印　　刷　北京新华印刷有限公司
总 策 划　杨建峰
项目统筹　陈小华
责任印务　高峰　苏画眉
设　　计　松雪图文 SONGXUE TUWEN　王进
经　　销　各地新华书店
开　　本　787mm × 1092mm　1/16
字　　数　260千字
印　　张　16
版　　次　2014年12月第1版　2014年12月第1次印刷
书　　号　ISBN 978-7-5390-5137-6
定　　价　28.80元（平装）

赣版权登字号-03-2014-322

Contents 目录

Part 1 妊娠3～6个月，是宝宝脑发育的第一个重要阶段

孕期智力食谱三原则

准妈妈应该吃什么？

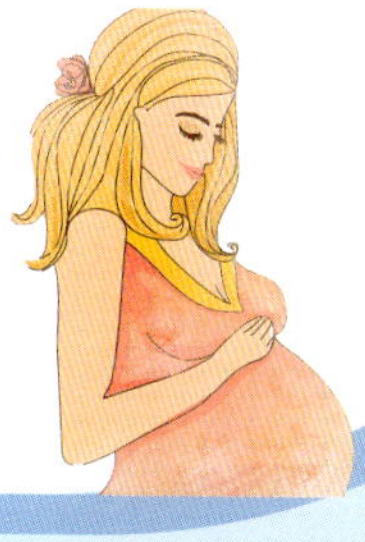

益智胎教

Part 3 出生后的0~12个月，是宝宝脑发育的第三个重要阶段

母乳喂养，妈妈应该吃什么才能促进宝宝的脑发育

Part 4 1～2岁，是宝宝脑发育的最快时期

宝宝吃什么才能促进脑发育

应该进行哪些益智游戏

多元智能的开发

Part 5 2~3岁，是宝宝脑发育的黄金阶段

宝宝吃什么才能促进脑发育

应该进行哪些益智游戏

多元智能的开发

Part 1

妊娠3~6 个月，是宝宝脑发育的第一个重要阶段

当准妈妈妊娠达到3个月时，就迎来了宝宝脑部发育的第一个重要阶段，这个时期脑细胞以平均每分钟25万个的增长速度急剧增加，是脑硬件发育的基础，这一时期胎宝宝需要大量的营养来促进脑细胞生成。本章将主要讲述宝宝脑部发育所需要的各种营养以及准妈妈如何科学地给宝宝补脑。

胎宝宝脑部发育必需的维生素

维生素B_1

维生素B_1——宝宝的神经功能助手，也称硫氨素，它参与能量的代谢，在神经生理方面有着重要的作用，还与心脏功能有关。维生素B_1是人体内物质与能量代谢的关键物质，具有调节神经系统生理活动的作用，可以维持食欲和胃肠道的正常蠕动并促进消化，还能增强记忆力。它主要通过帮助蛋白质代谢而促进脑活动，是胎宝宝、婴儿脑力活动不可缺少的重要助手。

缺乏维生素B_1，准妈妈则可能出现多发神经炎；新生儿多有哭闹、吐泻、凝视、抽搐、丙酮酸升高等症状。营养学家建议准妈妈每日摄取维生素$B_1$1.5毫克，准妈妈除从食物中摄取外，还需要额外日补充0.8微克。

富含维生素B_1的食物有谷类、豆类、干果类及硬壳果类，其中尤以谷类的表皮部分含量较高，所以加工谷类时碾磨精度不宜过细。蛋类及绿叶蔬菜中维生素B_1的含量也较高。

维生素B_2

维生素B_2——宝宝聪明保护神。它主要是参与体内生物氧化与能量合成，参与体内的抗氧化防御系统，增强抗氧化酶的活力，提高机体对环境的适应能力。同时，对胎宝宝、婴儿的脑发育有不可缺少的促进作用。

维生素B_2参与体内生物氧化与能量代谢，在碳水化合物、蛋白质、核酸和脂肪的代谢中起着重要的作用，可提高机体对蛋白质的利用率，促进胎宝宝发育和细胞的再生，维护皮肤和细胞膜的完整性。

维生素B_2不足时会影响蛋白质代谢及胎宝宝发育，若孕早期缺乏可使软骨形成受阻，发生骨骼畸形，如长骨缩短、肋骨融合等症状。

我国营养专家建议准妈妈每日增加维生素$B_2$1.7毫克的摄入量，哺乳女性每日增加1.4毫克的摄入量。准妈妈和哺乳女性，除了从奶类、蛋类、肉类、谷类、蔬菜和水果等食物中增加摄入量外，两者均需要额外补充0.8微克。

维生素D

维生素D——宝宝的骨骼增长剂。维生素D是维持高等动物生命必需的营养素，它是钙磷代谢最重要的调节因子之一，维持钙磷的正常水平，对骨骼的钙化、肌肉收缩、神经传导以及体内所有细胞的功能都是必需的。

维生素D能促进人体对钙的吸收，在骨骼中沉积。准妈妈缺乏维生素D时会使婴儿患先天性佝偻病。表现为方颅脑型，前额两边方突、后脑两边方突、枕秃、漏斗胸，O型腿等。

准妈妈维生素D的摄入量，孕初期为每日5微克，孕中期和孕晚期为10微克。准妈妈除了从饮食中补充外，还需要专项日补充2微克，同时最好坚持每日有1小时以上的户外阳光照射。维生素D的来源并不是很多，鱼肝油、沙丁鱼、小鱼干、动物肝脏、蛋类以及添加了维生素D的奶制品等都含有比较丰富的维生素D。其中，鱼肝油的含量最丰富。

维生素E

维生素E——宝宝的健康警察。维生素E可以减少准妈妈自然流产和死胎率，它又是抗氧化剂，能保护细胞膜中的多不饱和脂肪酸、细胞骨架及蛋白质免受自由基的攻击。同时，对胎宝宝和婴儿大脑功能的生长发育有促进作用。缺乏维生素E会造成生育障碍、神经系统功能异常、肌肉营养不良以及循环系统损害。

准妈妈和产妇维生素E日摄入量为14毫克。含有丰富的维生素E的食物有核桃、糙米、芝麻、蛋、牛奶、花生、黄豆、玉米、鸡肉、南瓜、西蓝花、杏、蜂蜜，以及坚果类食物、植物油等。

胎宝宝脑部发育的基础物质

葡萄糖是脑发育的能量站

大脑可以储备的能量非常有限。葡萄糖是唯一能够为大脑提供能量的营养物质，而碳水化合物则是葡萄糖的主要供应者，因此，包括杂粮在内的品种丰富的主食（各种米类、面类、玉米等）以及适量的豆类、薯类、水果等，应当在准妈妈的饮食中占60%甚至更多的比例。

同时，准妈妈们还要限制含蔗糖、冰糖、红糖、葡萄糖粉等简单糖含量高的食物或饮料。

蛋白质是脑发育的基础物质

胎宝宝的脑发育需要35%的蛋白质，以维持和发展大脑功能、增强大脑的分析理解及思维能力。蛋白质的补充要在热量及碳水化合物供给充分的前提下进行。如果在主食或热量摄入不足的情况下，大量增加高蛋白食物的摄入量，甚至额外补充蛋白粉，那么大部分蛋白质非但不能被成功储存并运送给胎宝宝，反而会被身体燃烧以供给准妈妈工作和生活所需的能量。同时，其分解代谢中产生的大量尿酸尿素还会增加肾脏负担。

由此可见，“吃好”的前提是“吃饱”，特别是对于那些在妊娠3~6个月期间因残余妊娠反应或因工作原因，使得体力消耗较大的准妈妈。以体重55~60公斤、从事轻体力劳动的准妈妈为例，一定要在每天保证300克左右主食的前提下，摄入总量500毫升牛奶及酸奶、1个鸡蛋、150克瘦肉（畜、禽及鱼虾交替选用）以及适量的豆制品及丰富的水果蔬菜。

特别需要提出的是，准妈妈要尽可能保证摄入充足的动物食物，因为无论是氨基酸构成还是生物利用率，动物蛋白质都远远高于植物蛋白，是胎宝宝大脑健康发育的重要保障。

DHA和胆碱能促进脑细胞发育

孕期体内的DHA和胆碱水平会急剧下降。

DHA是一种天然存在的多不饱和脂肪酸，能优化胎宝宝大脑锥体细胞膜磷脂的构成成分，与胎宝宝脑和视网膜的神经细胞的增长和成熟有直接关系。虽然准妈妈可以通过摄入植物来源的亚麻酸来转化成DHA，但近年来的研究和临床观察发现，人体摄入的亚麻酸仅有3%能够转化为DHA。因此，从动物食物中摄取DHA应当是准妈妈的最佳途径。

海鱼、虾特别是深海鱼类脂肪中DHA的含量是最高的，包括金枪鱼、三文鱼、小黄花鱼、面包鱼、鲅鱼、石斑鱼、海鲈鱼、鲱鱼、鳗鱼、鲷鱼、基围虾等。此外，黑鱼、罗非鱼中的含量也较高。建议准妈妈每周吃3~4次鱼虾类，其中包括一次海鱼，以保证胎宝贝DHA的供给。

陆生动植物含DHA的量微乎其微，建议不吃鱼虾的准妈妈，可以使用正规品牌的含DHA的营养品来帮助胎宝宝大脑的发育，并且应在吃牛奶、豆浆、蛋、鱼、豆腐等富含蛋白质的食物时服用，以帮助其吸收。

胆碱是人体必需的营养素，具有增强记忆力的功能，体内合成的量是难以满足准妈妈的需求的。

因此，适当增加膳食中动物肝脏、鸡蛋、红肉、奶制品、大豆、花生、柑橘、土豆等食物的摄入量，可以帮助提高准妈妈体内的胆碱储备水平，进而促进胎宝宝的脑细胞快速发育。

牛磺酸参与树突和轴突形成

牛磺酸又称β-氨基乙磺酸，最早由牛黄中分离出来，故得名。牛磺酸虽然不参与蛋白质合成，但它却与胱氨酸、半胱氨酸的代谢密切相关。

牛磺酸在脑内的含量丰富、分布广泛，能明显促进神经系统的生长发育和细胞增殖、分化，且呈剂量依赖性，不仅是形成轴突和树突的特殊成分，还与中枢神经及视网膜等的发育关系密切。如果补充不足，会造成宝宝智力发育迟缓。

研究表明：早产儿脑中的牛磺酸含量明显低于足月儿，这是因为早产儿体内的半胱氨酸亚磺酸脱羧酶（CSAD）尚未发育成熟，自身合成牛磺酸不足以满足机体的需要，需由母乳补充。母乳中的牛磺酸含量较高，尤其初乳中含量更高。如果补充不足，将会使幼儿生长发育缓慢、智力发育迟缓。牛磺酸与幼儿、胎宝宝的中枢神经及视网膜等的发育有密切的关系，长期单纯依靠牛奶喂养，易造成牛磺酸的缺乏。

牛磺酸广泛分布于动物组织细胞内，海生动物含量尤为丰富，哺乳类组织细胞内亦含有较高的牛磺酸，特别是神经、肌肉和腺体内含量更高，是机体内含量最丰富的自由氨基酸。体内牛磺酸几乎全部以游离形式存在，且大部分在细胞内，细胞内外浓度比为100~50000:1，人体含牛磺酸总量约为12~18克，其中15~66毫克存在于血浆中，75%以上存在于骨骼肌肉，心肌细胞与血清牛磺酸浓度之比为200:1。

缺铁影响记忆力

从妊娠10周开始，准妈妈要保证每天摄铁量为28毫克，铁元素不足会影响宝宝的记忆力。如果难以从食物中获得，可服用含铁的增补剂，一直持续到分娩。因为在妊娠后3个月，每天要储存大量的铁在胎宝宝的肝脏，以备胎宝宝出生后6个月内的使用。

宝宝出生后的前6个月只能吃低铁的奶类，

所以神经细胞快速增殖所需要的铁元素要靠胎宝宝时期的积累，如果妊娠后期储备不足，会影响宝宝的神经细胞数量，从而对宝宝的智力发育产生不良影响。

缺锌会影响脑发育

作为人体的必需微量元素之一，锌是构成核酸和蛋白质所必需的营养素，也是人脑中含量最高的一种金属离子，在与记忆力、情绪及语言相关的大脑皮层边缘部海马区中的浓度较高，能保护脑内酶系统。

胎龄10~18周时，是其脑细胞数量增加的第一个高峰，到第23周时，大脑皮质的六层细胞结构，即：分子层、外颗粒层、外锥体细胞层、内颗粒层、内锥体细胞层和多形或梭形细胞层，已经定型。大部分脑细胞都在出生前分裂形成，而且脑细胞结构也随胎宝宝发育进一步分化，与脑细胞代谢有关的碳酸酐酶、细胞色素氧化酶、胆碱脂酶等，均参与脑细胞的分化。说明脑细胞的发育除了需要足够的蛋白质以外，还要有锌参加。

缺锌会使脑发育出现不可逆的损伤，为了让胎宝宝得到充足的锌，准妈妈需要增加含锌高的食物，如牡蛎、海鱼虾、坚果、动物肉及肝脏等的摄入量。

碘是神经系统发育的必要原料

碘是人体的必需微量元素之一，有“智力元素”之称，也是人体生成甲状腺素的主要原料，是促进胎宝宝神经系统及脑部发育的必要原料。

市售的食盐一般都添加了碘，准妈妈需要掌握正确的用盐方法：无论炸、炒、炖、煮，应在菜肴出锅前或炒好后加盐，以免长时间受热造成盐中碘的损失。

另外，膳食中应增加富含碘的食物，如海带、紫菜、海鱼、海白菜等，以便给准妈妈和胎宝宝额外补充碘。

阻碍胎宝宝智力发育的4大因素

遗传性疾病

遗传性疾病可分为近亲结婚、染色体异常和代谢异常三大类。

近亲结婚、夫妇双方任何一方患有遗传性疾病，都会影响胎宝宝智力的正常发育与发展，并会给家庭、社会带来无法挽救的危害。

★近亲结婚

近亲结婚指直系亲属和三代以内的旁系亲属彼此通婚。如果爸爸妈妈都携带同一种疾病的基因，就容易对后代产生不良的遗传影响。

近亲结婚会使爸爸妈妈携带同一种疾病基因的遗传概率大幅度提高，其所生的子女患遗传性疾病的可能性增大，所以说近亲结婚不符合优生优育。科学研究表明，近亲结婚所生的先天畸形儿的概率是一般群体的4~5倍，其中包括很多智力障碍儿。

★染色体异常

染色体异常是指由于不良遗传因素的影响，或者某些偶然因素的作用，如准妈妈受到辐射，或受到风疹等病毒的感染，慢性缺氧，或先天性梅毒感染等，染色体会发生一些变异，因而形成遗传性疾病。

此外，由染色体异常导致的遗传性疾病有：小儿唐氏综合征、小儿爱德华兹综合征、克氏综合征等。

★代谢异常

代谢异常一般由基因突变所引起。基因突变会引起生物大分子结构发生变化，所形成的酶或相关蛋白质异常，结果导致代谢出现了问题，诱发疾病。

导致儿童智力障碍的代谢异常除了苯丙酮尿症之外，还有半乳糖血症。这种病是因为身体缺少一种酶，因而半乳糖不能变成身体所需要的葡萄糖，并且大量累积于血液及身体组织中。如果儿童血液中的半乳糖过多，会导致脑损伤而变成智力障碍者。

营养状况

大脑发育与功能的建立都与营养密切相关。

尤其是叶酸、蛋白质的补充不足或缺乏，直接影响脑细胞的形成。若准妈妈孕早期的营养不良，会导致胎宝宝脑细胞及神经系统发育障碍；孕晚期的营养不良，则会使胎宝宝脑细胞数量增长不足，导致脑皮质沟回发育障碍，从而影响胎宝宝的智力。

多数准妈妈在怀孕1个月开始会出现恶心、呕吐、食欲减退等早孕反应，这样就会影响营养的摄入，进而影响胎宝宝智力。

因此，为了胎宝宝的聪明健康，准妈妈应努力进食，可以少吃多餐，想法控制呕吐，稳定情绪，以多样化的食物引起食欲，保证营养的平衡。即使是吐了，也要及时补充营养。

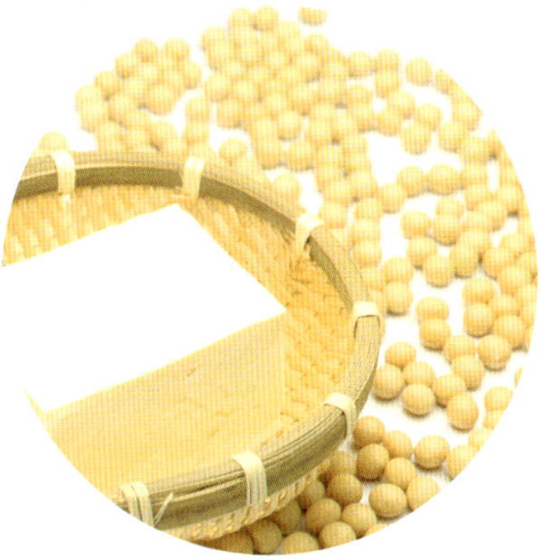

一般认为，准妈妈每天大约需要摄取10000千焦的热量，并保障一定的蛋白质、脂肪、矿物质和维生素的摄入。

准妈妈在饮食上应粗细粮搭配，不必有太多的“忌口”，可以多吃些蛋类、牛奶、鱼、肉、动物肝脏、豆制品、海带、蔬菜、水果等食物。这样，既增进了食欲，保证了准妈妈本身的营养需求，又为胎宝宝大脑的发育提供了物质基础。

环境影响

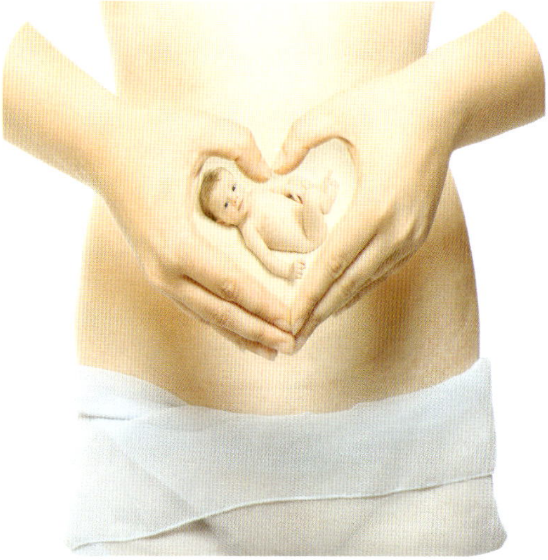

★环境污染对胎宝宝的影响

水源污染包括重金属汞、铅等。空气污染包括汽车尾气、缺氧、吸烟等。放射污染包括X射线、微波等。噪音污染、水质缺碘等，都会导致胎宝宝智力发育障碍。

★准妈妈体内环境对胎宝宝的影响

人们已经十分清楚的是，母体内环境也会对胎宝宝产生影响，如由于母亲患糖尿病使胎宝宝受影响而体重过重，最大的出生时体重可高达7公斤，这种巨大儿易发生呼吸窘迫症。另外，由于母亲甲状腺功能低下，胎宝宝受其内环境的影响容易产生骨和牙齿的畸形、隐睾、伸舌样痴呆、甲状腺肿大等症状。

其他如母亲患有心肺功能不全、严重贫血（尤其大细胞性贫血）、高血压症、妊娠中毒症时，胎宝宝易出现畸形或死于宫内。

★准妈妈职业与不良嗜好对胎宝宝的影响

准妈妈的职业和不良嗜好也会对胎宝宝造成一定的影响。

如准妈妈是医院的麻醉师或手术室护士，由于专业性质在孕期经常接触麻醉药，会引起腹内的胎宝宝畸形或流产；有吸烟嗜好的准妈妈由于尼古丁的毒性刺激，会使胎宝宝身长体重发育不良。

★外环境中射线对胎宝宝的影响

外环境对胎宝宝的影响有以下几种因素：外环境中放射线的影响、职业和嗜好的影响、环境污染如烟尘或噪声的影响。

在受孕18~20天照射X射线后，受精卵可能死亡排出。在受孕20~50天照射X射线

100~200拉德后，可引起胎宝宝的中枢神经、眼、骨等严重畸形，量再大则可引起胚胎死亡。因此，怀孕早期应当严禁X射线照射腹部。其他如超声波，在怀孕的头3个月也应当禁止做超声波检查，因为在怀孕早期也易受其影响而引起胎宝宝畸形。怀孕四五个月以后再接受超声波检查，则对胎宝宝不会产生什么不良影响。

疾病和药物

孕早期病毒感染性疾病和不恰当的用药都可能影响胎宝宝脑细胞的发育。

准妈妈如患有不同类型的甲状腺功能减退，会使准妈妈流产和妊娠期并发症显著增加。更重要的是，准妈妈患甲状腺减退会造成胎宝宝脑发育障碍，导致后代智商下降6~8分。

专家建议：35岁以上的女性、计划怀孕的育龄妇女应在受孕或怀孕前3个月进行甲状腺检查。怀孕女性最好能在发现妊娠时进行一次甲状腺检查。如果在怀孕前你就已经因为有甲状腺疾病而接受了治疗，那么怀孕期间，每6~8周应当进行一次甲状腺的检查。患有甲状腺疾病的母亲的孩子，是高危人群，应定期检查。

据统计，准妈妈在妊娠期间曾服用过至少一种药物者占90%，至少10种者占4%。某些药物可以通过胎盘屏障，但准妈妈用药不当则有可能影响胎宝宝发育，也有可能导致脑发育不全，影响宝宝的智力。

为了宝宝的聪明健康，准妈妈千万不要自行服药，让医生或药师决定你应服用什么药物，他们才是专业的。

聪明健康的宝宝需要你用心去塑造培养，从饮食入手，提供丰富均衡的营养，为宝宝营造一份安宁祥和的优良环境，都是使你宝宝聪明健康的必要条件。

准妈妈应该吃什么？

西蓝花

补脑原理

西蓝花中含有的维生素C较多，比大白菜、西红柿、芹菜都高，有助于促进身体对铁元素的吸收，同时也能为大脑补充充足的铁元素，促进大脑血流量，起到健脑、补脑、健智、补血等多种功效。

西蓝花炒双耳

原料：

胡萝卜片20克，西蓝花100克，水发银耳100克，水发黑木耳35克

调料：

盐3克，鸡粉4克，料酒10毫升，蚝油10克，水淀粉4毫升，食用油、蒜末各适量

做法：①西蓝花洗净，切小块；银耳和黑木耳均洗净切成小块。

②黑木耳、银耳和西蓝花焯水。

③将胡萝卜、蒜末入油锅爆香，倒入剩余食材和调料，翻炒均匀即可。

西蓝花炒牛肉

原料：

西蓝花300克，牛肉200克，彩椒40克

调料：

盐、鸡粉各4克，生抽10毫升，水淀粉10克，食粉、食用油各适量

做法：①西蓝花、彩椒均洗净切小块；牛肉洗净，切成片，放生抽、盐、鸡粉、食粉、水淀粉、油，腌渍入味。

②西蓝花焯水；牛肉、彩椒入油锅炒熟，加盐、鸡粉，水淀粉勾芡，浇在西蓝花上即可。

芦笋

补脑原理

芦笋中含有丰富的蛋白质、维生素以及多种矿物质，尤其铁、锌元素的含量丰富，还含有氨基酸。作为生活中经常食用的蔬菜，芦笋的这些优质成分可以帮助补充大脑能量，从而有效提高大脑的活力，促进大脑发育健全。

芦笋煨冬瓜

原料：
冬瓜230克，芦笋130克

调料：
盐1克，鸡粉1克，水淀粉、香油、食用油各适量，蒜末少许

做法：①芦笋洗净切段；冬瓜洗净，去皮、瓤，切小块。
②冬瓜、芦笋段焯水后捞出。
③用油起锅，放蒜末爆香，倒入焯过水的材料，加盐、鸡粉，倒入清水，煮至食材熟软，水淀粉勾芡，淋入香油炒入味。
④关火后盛出锅中的食材即可。

芦笋炒莲藕

原料：
芦笋100克，莲藕160克，胡萝卜45克

调料：
盐3克，鸡粉2克，水淀粉3毫升，食用油适量，蒜末、葱段各少许

做法：①芦笋去皮，洗净，切段；莲藕去皮，洗净，切丁；胡萝卜去皮，洗净，切丁。
②将藕丁和胡萝卜入沸水锅焯水。
③用油起锅，放入蒜末、葱段，爆香。
④放入芦笋，倒入焯好的藕丁和胡萝卜丁、盐、鸡粉，用水淀粉勾芡翻炒均匀即可。

西红柿

补脑原理

西红柿中含有较多的铁元素和锌元素，还含有维生素C和优质的蛋白质，可以促进脑部血流量，保证大脑发育的健全。同时，维生素C可以促进体内对铁元素的吸收，帮助保护大脑组织，起到健脑补脑的作用。

西红柿炒洋葱

原料：
西红柿100克，洋葱40克

调料：
盐2克，鸡粉、水淀粉、食用油各适量，蒜末、葱段各少许

做法：①西红柿洗净，切小块；洋葱去皮洗净，切小片。
②用油起锅，倒入蒜末、洋葱片炒香，倒入西红柿，炒出水分，加盐、鸡粉调味，炒至食材断生，倒入水淀粉勾芡 。
③盛出炒好的食材，撒上葱段即成。

胡萝卜西红柿汤

原料：
胡萝卜30克，西红柿120克，鸡蛋1个

调料：
盐少许，鸡粉2克，食用油适量，姜丝、葱花各少许

做法：①洗净去皮的胡萝卜切薄片；洗好的西红柿切片；鸡蛋打入碗中，搅拌均匀。
②锅中倒油烧热，入姜丝爆香，倒入胡萝卜片、西红柿片炒匀，注入清水略煮，加盐、鸡粉炒入味，倒入蛋液，搅成蛋花。
③关火盛出煮好的汤料，撒上葱花即可。

瘦肉

补脑原理

瘦肉中的蛋白质含量较高，每100克瘦肉可含高达29克的蛋白质。同时，瘦肉还可以提供血红素，即铁元素，以及有助于促进铁吸收半胱氨酸，对促进大脑血流量非常有帮助，适当食用，能收到补脑健智的功效。

芦笋鲜蘑菇炒肉丝

原料：

芦笋、鲜蘑菇、猪瘦肉丝各50克

调料：

食用油、蒜末、盐、水淀粉各适量

做法：①鲜蘑菇洗净，切小块；芦笋洗净，切小段；猪瘦肉装碗，加入盐、食用油腌制十分钟。

②蘑菇、芦笋入沸水锅焯水；猪瘦肉入沸水锅汆去血水。

③净锅加油烧热，入蒜末爆香，入汆煮过的食材，快速翻炒至食材熟透、入味，用水淀粉勾芡即可。

瘦肉莲子汤

原料：

猪瘦肉200克，莲子40克，胡萝卜50克，党参15克

调料：

盐2克，鸡粉2克，胡椒粉少许

做法：①胡萝卜洗净切成小块；猪瘦肉洗净，切片，备用。

②砂锅中注入适量清水，加入备好的莲子、党参、胡萝卜，放入瘦肉，拌匀。

③盖上盖，用小火煮30分钟，揭开盖，放入少许盐、鸡粉、胡椒粉，拌匀至食材入味即可。

牛肉

补脑原理

牛肉的蛋白质含量高，仅此于猪肉，既能提高人体的抗病能力，还能补血，同时为大脑提供更多的能量，修复损伤的脑组织。此外，牛肉中还含有维生素C和铁元素，这些都是补脑健脑的优质营养成分。

芹菜牛肉卷

原料：

牛肉300克，胡萝卜70克，芹菜60克

调料：

盐、鸡粉各2克，生抽4毫升，水淀粉适量

做法：①芹菜洗净切丝；胡萝卜洗好，切丝；牛肉洗净切片，装碗，倒入生抽、盐、水淀粉，拌匀上浆，腌至入味。
②胡萝卜丝、芹菜丝入沸水锅焯水。
③将牛肉片摊开、铺平，摆上焯熟的食材，制成肉卷生坯，放入蒸盘，静置一下，蒸锅上火烧开，放入蒸盘，大火蒸至肉卷熟透，取出摆盘即可。

芸豆平菇牛肉汤

原料：

牛肉120克，芸豆100克，平菇90克

调料：

盐3克，鸡粉2克，食粉、生抽各少许，水淀粉、食用油各适量，姜丝、葱花各少许

做法：①平菇洗净切块；牛肉洗净切小片，装碗，加食粉、盐、鸡粉、生抽、水淀粉、食用油，腌至其入味。
②锅中加水烧开，入芸豆，撒姜丝，盖上盖，煮至芸豆变软，加盐、鸡粉、油、平菇拌匀，煮沸后放牛肉，煮熟，撒葱花。

鸡肉

补脑原理

鸡肉中含有多种维生素，尤其维生素C的含量非常丰富，而蛋白质的含量也是极高的，很容易被人体消化并吸收。同时，鸡肉还含有对人体生长发育很重要的磷脂类营养成分，可以滋补神经细胞，起到补脑的作用。

冬瓜蒸鸡

原料：

鸡肉块300克，冬瓜200克

调料：

盐2克，鸡粉、生粉、生抽、料酒各适量，姜片、葱花各少许

做法：①冬瓜洗净，去皮，切成小块，装盘备用。

②鸡肉块洗净，装碗,放入姜片、盐、鸡粉、生抽、料酒、生粉，抓匀。

③将冬瓜装入盘中，再铺上鸡肉块，放入蒸锅中，用中火蒸熟。

④将蒸好的冬瓜鸡块取出，撒葱花即可。

玉米胡萝卜鸡肉汤

原料：

鸡肉块350克，玉米170克，胡萝卜120克

调料：

料酒10毫升，盐、鸡粉各2克，姜片少许

做法：①将胡萝卜洗净，切滚刀块；玉米洗净，切块。

②往锅中加水烧开，倒入洗净的鸡肉块，淋料酒拌匀，汆熟后捞出，沥干水分。

③往砂锅中加水烧开，倒鸡肉、胡萝卜、玉米、姜片，淋料酒，小火煮60分钟。

④加盐、鸡粉调味，续煮至入味即可。

鸭肉

补脑原理

鸭肉的营养价值与鸡肉相仿，也含有丰富的蛋白质，还含有糖类、B族维生素以及丰富的磷、铁、锌、铜元素，具有滋补作用。同时，还能为大脑运作提供充足的能量，为宝宝的智力发育提供帮助。

酸萝卜炖老鸭汤

原料：
老鸭块500克，白萝卜200克，枸杞少许

调料：
胡椒、盐、鸡粉各适量，姜1块

做法：①姜去皮洗净，切片；净锅加水烧热，放入老鸭块，氽煮去除血水，捞起沥干；白萝卜洗净，切块。
②往砂锅中加水烧热，加入胡椒略煮，入老鸭块、姜片，煮至沸。
③揭盖，加入白萝卜块，盖上，小火炖煮至食材熟透。
④加入鸡粉、盐调味，枸杞点缀即可。

莴笋炒玉米鸭丁

原料：
鸭胸肉160克，莴笋150克，玉米粒90克，彩椒50克

调料：
盐、鸡粉、料酒、水淀粉、食用油各适量，蒜末、葱段各少许

做法：①莴笋洗净，去皮，切丁；彩椒洗净，切块；鸭胸肉洗净，切丁，加盐、料酒拌匀，腌渍约10分钟。
②莴笋、玉米粒、彩椒分别焯水。
③用油起锅，倒鸭肉炒松散，淋料酒炒匀，放焯过水的食材炒软，加盐、鸡粉炒匀，倒入水淀粉勾芡，炒熟即可。

鹌鹑

补脑原理

鹌鹑肉的蛋白质含量很高，脂肪和胆固醇含量相对较低，是典型的高蛋白、低脂肪、低胆固醇食物，此外，还含有丰富的卵磷脂，是高级神经活动不可缺少的营养物质，能起到健脑滋补的作用，是促进宝宝智力发育的极佳食品。

红烧鹌鹑

原料：

鹌鹑肉300克，豆干200克，胡萝卜块90克，花菇少许

调料：

料酒、生抽各6毫升，盐、白糖各2克，老抽2毫升，水淀粉、食用油、姜片、葱段、蒜末、香叶各适量

做法：①将花菇洗净，切块；豆干切三角块；鹌鹑肉洗净。

②用油起锅，放入蒜末爆香，加姜片、葱段、鹌鹑肉，炒至变色，淋料酒、生抽，倒香叶，注清水，加盐、白糖、老抽调味，再倒入胡萝卜、花菇、豆干炒匀，小火焖约15分钟，水淀粉勾芡即可。

胡萝卜煮鹌鹑汤

原料：

鹌鹑肉200克，胡萝卜块120克，猪瘦肉70克

调料：

盐、鸡粉各2克，料酒5毫升，姜片、葱花各少许

做法：①将猪瘦肉洗净，切丁，汆水；鹌鹑洗净，切块，汆水。

②往砂锅中加水烧开，倒入鹌鹑肉、瘦肉、姜片、胡萝卜块，淋料酒提味，小火煲煮40分钟至熟透。

③加盐、鸡粉调味，转中火续煮片刻，至汤汁入味，盛出，撒葱花即可。

鲫鱼

补脑原理

鲫鱼的肉质鲜美，含有非常丰富的优质蛋白以及大量的钙、磷、铁等矿物质，能促进人体对铁元素的吸收，同时有助于促进大脑的血流量，为宝宝的大脑、智力发育提供保障，具有健脑、补脑、益智的作用。

葱油烧鲫鱼

原料：

净鲫鱼300克，红椒5克

调料：

盐3克，鸡粉2克，生粉6克，生抽、老抽、水淀粉、食用油、姜片、葱花各适量

做法：①红椒洗净去籽，再切细丝。

②把鲫鱼放在盘中，加生抽、盐、生粉拌匀，腌渍入味，入油锅炸至金黄色。

③姜片入油锅爆香，加清水、老抽、生抽、盐、鸡粉调汁，入鲫鱼，将汁浇在鲫鱼上，用中火煮至鱼肉入味，水淀粉勾芡，盛出装盘即可。

鲫鱼煮红豆汤

原料：

鲫鱼400克，水发红豆100克

调料：

盐2克，料酒8毫升，食用油适量，姜片、葱花各少许

做法：①处理干净的鲫鱼两面切上一字花刀。

②用油起锅，放入鲫鱼，煎至焦黄色，淋入料酒、清水、姜片，加洗净的红豆。

③盖上盖，小火煮至鲫鱼熟透。

④揭开盖，加入适量盐，略煮片刻。

⑤盛出煮好的汤料，装入汤碗中，撒上葱花即可。

鲤鱼

补脑原理

鲤鱼的蛋白质不但含量高，而且质量也很高，人体消化吸收率可达到96%，同时还含有人体必需的氨基酸以及锌等多种营养成分，能降低胆固醇，也有助于促进大脑发育健全，为大脑补充足够能量，帮助宝宝提高智力。

清蒸鲤鱼

原料：

鲤鱼400克

调料：

盐3克，蒸鱼豉油、食用油各适量，姜丝10克，姜片10克，红椒丝、葱丝各少许

做法：①将鲤鱼宰杀、处理干净，装入盘中，放上姜片，均匀地撒上盐。

②将加工好的鲤鱼放入烧开的蒸锅，大火蒸8分钟至熟，取出，去姜片，撒葱丝、红椒丝、姜丝。

③锅中加少许食用油烧热，再将热油淋在鱼身上，再浇上蒸鱼豉油即可。

鲤鱼炖豆腐

原料：

鲤鱼块450克，豆腐120克，油菜20克

调料：

盐、鸡粉各2克，食用油适量，姜片少许

做法：①将豆腐洗净，切小方块。

②锅置于火上烧热，倒入少许食用油，放入洗净的鲤鱼块，中火煎至两面金黄，倒入适量开水，用大火煮沸。

③放入豆腐块，撒上姜片，用小火炖约30分钟，倒入洗净的油菜，加盐、鸡粉调味，煮至入味即可。

虾

补脑原理

虾的营养价值极高，富含锌、碘、硒等矿物质元素，尤其是海虾，含有三种重要的脂肪酸，可以使人长时间保持精力集中，为大脑提供充足的营养。适当多摄入虾可以促进大脑发育。

草菇丝瓜炒虾球

原料：

丝瓜130克，草菇100克，虾仁90克，胡萝卜片少许

调料：

盐3克，鸡粉2克，蚝油6克，料酒4毫升，水淀粉、食用油、姜片、葱段各适量

做法：①草菇洗净，切块；丝瓜洗净，切段；虾仁洗净，装碗，加盐、鸡粉、水淀粉、食用油，腌渍入味；草菇入沸水锅焯水。

②胡萝卜片、姜片、葱段入油锅爆香，倒虾仁、料酒、丝瓜、草菇炒匀，加清水、蚝油、盐、鸡粉调味，用水淀粉勾芡即可。

洋葱丝瓜炒虾球

原料：

洋葱70克，丝瓜120克，彩椒40克，虾仁65克

调料：

盐3克，鸡粉3克，水淀粉、食用油各适量，姜片、蒜末各少许

做法：①丝瓜洗净去皮，切小块；彩椒洗净，切块；洋葱洗净，切小块；虾仁洗净，去虾线，装碗，加盐、鸡粉、水淀粉腌渍；丝瓜、洋葱、彩椒入沸水锅焯水。

②将蒜末、姜片入油锅爆香，放虾仁、洋葱、彩椒、丝瓜炒匀，加盐、鸡粉调味，用水淀粉勾芡即可。

海带

补脑原理

海带生长在海洋中，本身含有的矿物质元素相比许多陆生植物要丰富得多，还含有糖类、氨基酸以及多种维生素、蛋白质，可以补充人体缺失的营养成分，同时，还能增强大脑活力，为大脑的生长发育提供充足的能量。

黄花菜拌海带丝

原料：
水发黄花菜100克，水发海带80克，彩椒丝50克

调料：
盐3克，鸡粉2克，生抽4毫升，白醋5毫升，陈醋8毫升，芝麻油、蒜末、葱花各少许

做法：①将海带洗净，切细丝；黄花菜洗净。
②锅中加水烧开，淋白醋，倒入海带丝、黄花菜，加盐，放入彩椒丝，煮至食材熟透，捞出，沥干水分，装碗。
③将碗中材料加蒜末、葱花、盐、鸡粉，淋生抽、芝麻油、陈醋，搅拌至入味。

芸豆海带炖排骨

原料：
排骨段400克，水发芸豆100克，海带100克，枸杞15克

调料：
盐3克，鸡粉2克，料酒5毫升，姜片少许

做法：①将海带洗净，切块；芸豆洗净，泡发；排骨段洗净。
②往锅中加水烧开，倒入排骨段，汆去血水后捞出，沥干水分。
③往砂锅中加水烧开，倒入排骨段、姜片、海带、芸豆，淋料酒提味，小火炖40分钟，至排骨熟软，撒枸杞，小火炖5分钟，加鸡粉、盐调味，转中火续煮入味。

葱

补脑原理

葱中含有蛋白质、碳水化合物、维生素以及多种矿物质，因为葱叶进行光合作用后使得葱中饱含叶绿素。此外，葱还含有不饱和脂肪酸，能促进人体的新陈代谢，帮助增强记忆力，对促进大脑健全发育和智力开发帮助很大。

葱爆炒肉片

原料：
大葱90克，猪瘦肉120克

调料：
盐2克，鸡粉少许，生抽3毫升，水淀粉10毫升，食用油适量

做法：①将大葱洗净，切薄片；猪瘦肉洗净，切片，加盐、鸡粉、水淀粉、食用油拌匀，腌渍10分钟。
②用油起锅，倒入猪瘦肉片翻炒至松散、变色，倒入大葱，炒至出香味。
③转小火，淋生抽提鲜，加少许盐，翻炒至食材入味即可。

葱韭炒牛肉

原料：
牛腱肉300克，南瓜220克，韭菜70克，小米椒圈15克

调料：
鸡粉2克，盐3克，豆瓣酱12克，料酒4毫升，生抽3毫升，水淀粉、冰糖各适量，姜片、葱段、蒜末各少许

做法：①牛腱肉切块放入沸水中汆烫。
②韭菜洗净，切段；南瓜去皮，切块。
③将蒜末、姜片、葱段入油锅爆香，倒入小米椒炒香，放牛肉块，加料酒、豆瓣酱、生抽、盐炒匀，加南瓜块、冰糖、清水、鸡粉，煮至肉熟，倒韭菜，勾芡即可。

杏仁

补脑原理

杏仁中富含蛋白质、糖类以及钙、铁、锌等矿物质元素，能够保证大脑血流量的供给，促进血液循环，还能增强体质，起到健脑益智的作用。

杏仁炒苦瓜

原料：

苦瓜180克，杏仁20克，枸杞10克

调料：

盐2克，鸡粉、食粉、水淀粉、食用油各适量

做法：①苦瓜洗净，切开，去籽，切片。
②杏仁、枸杞入沸水锅焯水；锅中加食粉，倒入苦瓜，煮至其八成熟，捞出。
③另起锅，注油烧热，蒜末爆香，入苦瓜，拌炒均匀，加入鸡粉、盐，快速炒匀至苦瓜入味。再倒入适量水淀粉，炒匀盛出，装入盘中再放上杏仁、枸杞即可。

杏仁无花果瘦肉汤

原料：

猪瘦肉150克，杏仁20克，无花果20克，黄芪10克，党参10克，人参10克

调料：

料酒8毫升，盐2克，鸡粉2克，姜片少许

做法：①将猪瘦肉洗净，切片。
②往砂锅中注入适量清水烧开，倒入洗净的姜片、杏仁、无花果、黄芪、党参、人参拌匀。
③倒入瘦肉片搅散，淋料酒提味，小火煮40分钟至熟，加盐、鸡粉调味即可。

核桃

补脑原理

核桃含有蛋白质、脂肪、钙、磷、铁、锌、胡萝卜素、核黄素及维生素等成分，其中磷脂和赖氨酸，能有效补充脑部营养、健脑益智、增强记忆力。其卓著的健脑效果和丰富的营养价值，也已经为越来越多的人所推崇。

核桃银杏粥

原料：
核桃仁20克，银杏10克，人参5克，茯苓8克，水发大米100克

调料：
盐少许

做法：①将核桃仁、银杏、人参、茯苓洗净；大米淘洗干净。
②往砂锅中注入适量清水烧开，加入核桃仁、银杏、人参、茯苓、大米拌匀，盖上盖，用小火煮30分钟至大米熟透。
③揭开盖，加少许盐，搅拌片刻至其入味即可。

山药片炒核桃仁

原料：
山药90克，水发木耳40克，芹菜50克，彩椒块60克，核桃仁30克，白芝麻少许

调料：
盐3克，白糖10克，水淀粉4毫升，油适量

做法：①山药洗净去皮，切片；木耳、芹菜洗净，切块；核桃仁洗净。
②将山药、木耳、芹菜、彩椒均焯水；核桃仁入油锅炸香，与白芝麻、白糖炒匀。
③热锅注油，倒入焯水的食材炒匀，加盐、白糖调味，用水淀粉勾芡，盛出装盘，放上核桃仁即可。

松仁

补脑原理

松仁是常见的坚果类食物，富含蛋白质、糖类、脂肪，而其脂肪大部分为油酸、亚油酸等不饱和脂肪酸，同时还含有钙、磷、铁等多种矿物质元素，是极好的健脑食品，有助于增强脑力，促进智力的健全发育。

松仁牛柳

原料：

牛肉130克，松仁100克，鸡蛋1个

调料：

盐、鸡粉各2克，食粉少许，生粉15克，生抽、水淀粉、食用油各适量

做法：①将牛肉洗净，切片，拍打几下至松散，切成牛柳，加食粉、生抽、盐、鸡粉、水淀粉拌匀，腌渍15分钟。
②鸡蛋打入装有牛柳的碗中，拌匀，撒生粉拌匀，裹上松仁，制成牛柳条。
③热锅注油烧热，放入装有牛柳条的滤网，小火炸至肉质转色、熟透即可。

松仁莴笋

原料：

莴笋200克，彩椒丁80克，松仁30克

调料：

盐3克，鸡粉2克，水淀粉5毫升，食用油适量，蒜末、葱段各少许

做法：①将莴笋洗净，去皮，切丁。
②莴笋、彩椒丁分别焯水后捞出。
③松仁入油锅炸至微黄，捞出，沥干油。
④锅底留油，放入蒜末、葱段爆香，倒入莴笋、彩椒炒至八成熟，加盐、鸡粉调味，用水淀粉勾芡，盛出，撒上松仁即可。

无花果

补脑原理

无花果可晒干并作为药材食用，而我们日常生活中也经常将新鲜的无花果用于美食烹饪中。无花果中含有较多的糖类、蛋白质、维生素C以及磷、锌、铁、铜等矿物质元素，能起到良好的健脑益智作用。

绿豆海带无花果豆浆

原料：

水发海带8克，无花果5克，水发绿豆50克

做法：①将已浸泡4小时的绿豆倒入碗中，加水洗净，沥干水分；海带、无花果洗净。

②将绿豆、海带、无花果倒入豆浆机中，加水至水位线。

③加盖，选择“五谷”程序，再选择“开始”键，运转约15分钟，即成豆浆。

④将煮好的豆浆倒入滤网，滤取豆浆，倒入杯中即可。

无花果煲瘦肉汤

原料：

佛手瓜70克，瘦肉丁100克，无花果60克，水发黄花菜、水发黑木耳各适量

调料：

盐2克，高汤适量

做法：①往锅中加水烧开，倒入洗净的瘦肉丁搅散，捞出，过凉水，沥干水分；无花果、佛手瓜、黄花菜均洗净；黑木耳洗净，泡发，撕朵。

②锅中注入高汤烧开，倒入瘦肉丁、无花果、佛手瓜、黄花菜、黑木耳拌匀，转中火煮2小时至食材熟软，加盐调味即可。

花生

补脑原理

花生中含有蛋白质、糖类以及铁元素，还含有卵磷脂碱，其硫胺素、核黄素、尼克酸等维生素含量也相当丰富，能起到促进脑细胞发育、增强记忆力、提高智力的作用。

柏仁煮花生米

原料：
花生米 150克，柏子仁15克

调料：
盐2克，姜片、葱段各适量，桂皮、花椒各少许

做法：①往砂锅中注水烧热，倒入备好的桂皮、花椒、柏子仁，大火略煮，放入姜片、葱段、花生米，加入适量盐。
②盖上盖，烧开后用小火煮约30分钟至食材熟透。
③揭开盖，拣出葱段、姜片、桂皮，捞出花椒，盛出卤好的花生米，装盘即可。

花生红枣豆浆

原料：
水发黄豆100克，水发花生米120克，红枣20克

调料：
白糖少许

做法：①黄豆、花生米洗净；红枣洗净去核，切小瓣。
②取备好的豆浆机，倒入浸泡好的花生米和黄豆，放入红枣，撒上少许白糖。
③注入适量的清水，至水位线即可。
④选择“五谷”程序，再选择“开始”键，待其运转约15分钟，打成豆浆，倒出即可。

香蕉

补脑原理

香蕉中含有被称为“智慧之盐”的磷元素，又含有丰富的蛋白质、糖类、维生素C和铁、钾元素，同时纤维素的含量也很高，是营养价值非常高的食物，能起到促进大脑发育，提高智力的作用。

冰糖蒸香蕉

原料：
香蕉120克

原料：
冰糖30克

做法：①将香蕉剥去果皮，斜刀切片，放入蒸盘，摆好，撒上适量冰糖。
②往蒸锅内加水，把蒸盘放在蒸锅里。
③盖上锅盖，调至中火煮7分钟。
④揭开锅盖，取出蒸好的食材即可。

百合香蕉饮

原料：
鲜百合85克，香蕉100克

调料：
冰糖适量

做法：①将香蕉剥去果皮，切小块。
②往砂锅中注入适量清水烧开，倒入洗净的百合、香蕉拌匀，大火烧开后用小火煮约15分钟至熟。
③放入冰糖拌匀，煮至溶化。
④关火后盛出煮好的甜汤，装碗即可。

苹果

补脑原理

苹果中含有铜、碘、锰、锌、钾等多种矿物质元素，还含有极其丰富的维生素C，能促进体内铁元素的吸收，帮助改善机体的造血功能。同时，苹果还能促进大脑的血循环，对智力发育、大脑健全等方面都有一定的帮助。

蜜柚苹果猕猴桃沙拉

原料：
柚子肉120克，猕猴桃100克，苹果100克，巴旦木仁35克，枸杞15克

调料：
沙拉酱10克

做法：①将猕猴桃洗净，去皮，切小块；苹果洗净，去核，切小块；柚子肉分小块。
②把处理好的果肉装入碗中，放入沙拉酱拌匀。
③加入巴旦木仁、枸杞，搅拌均匀，使食材入味。
④将拌好的水果沙拉盛出，装盘即可。

西红柿苹果汁

原料：
西红柿120克，苹果95克

调料：
白糖适量

做法：①将西红柿洗净后，注入开水烫至表皮皱裂，再放入凉开水中。
②剥除放凉后的西红柿果皮，将果肉切小块；苹果洗净，取肉切小块。
③将切好的苹果、西红柿，倒入备好的榨汁机中榨出蔬果汁。
④加入少许白糖，拌匀即可。

益智胎教

情绪胎教

★什么是情绪胎教

情绪胎教是指准妈妈通过调节情绪，忘却烦恼和不愉快，保持轻松的状态，并通过母亲的神经体质作用，促使体内胎宝宝的大脑得到良好的发育。

情绪胎教是保障孕期母子心理健康的重要方法，决定着母子的关系和谐与否，以及孩子后天心理素质健康与否，也是直接影响家庭关系，保障孕期健康并顺利进行的主观因素。

情绪胎教突出的特点是以母亲修养的不断提高，孕期生活品味的增加，由女人向母亲角色转变过程中内心品质的提升，达到母仪胎宝宝的目的。这对胎宝宝的情绪、性格、健康、心理起着至关重要的作用。

★做好胎教准备

在孕期进行胎教是至关重要的。由于准妈妈和胎宝宝之间存在互相影响的关系，就使得准妈妈在孕期对待胎教的态度，以及进行胎教时的情绪，都变得十分重要，也会在一定程度上影响着整个孕期和腹中的胎宝宝。

一般来说，胎教并没有硬性规定要教多久、教什么、怎么教，只要能达到准妈妈与胎宝宝相互“交流”的目的即可。因为胎宝宝在妈妈的腹中，是能够“看到”“听到”以及“感觉到”外界的很多事物的，而且，胎宝宝也能够感受到准妈妈的感受。如果妈妈是处在平静、祥和的状态中，宝宝也会很安稳，而当妈妈情绪变得不安、愤怒时，宝宝也会变得躁动不安。

总的来说，准妈妈在怀孕的时候，尤其从一开始的情绪胎教中，就应该培养一种积极的心态。经常保持一种安详、平稳、沉静的心绪，认真而乐观地对待肚子里的小宝宝，把注意力放在胎宝宝身上，使宝宝感受到妈妈深沉而温暖的爱意，就是给予宝宝来到这世上最初的勇气和力量。

★插花——高雅的心灵启示录

很多准妈妈在孕七月都会遇到这样一个问题——很闲，闲得不知道该干什么，最后就闲出郁闷、委屈。

此时，准妈妈不妨试着学学插花，不仅能打发时间，还可以愉悦心情、陶冶情操，可谓一举数得。

插花是以“花”做为主要素材，在瓶、盘、碗、缸、筒、篮、盆等容器内造化天地无穷奥妙的一种盆景类的花卉艺术，其表现方式颇为雅致，逼真生动，且富有层次感，娇美的花朵高雅而清新，配上别致的花盆，更令人着迷。

插花较注重画面的完整统一以及环境的和谐，给人以极美的享受。花材之间的有机结合，容器与造型的浑然一体，基座与配件搭配的天衣无缝，题跋的搭配以及多层次的欣赏方式等等，都能让准妈妈体验到很多生动的美。

此外，插花对准妈妈和胎宝宝也有诸多好处。“赏花乃雅事，悦心又增寿”，赏花是一项有益身心健康的活动，鲜花不仅是美的象征，更是人类天然的“保健医生”。五彩缤纷的花卉，能调节人的情绪，比如，红色能促进人的食欲；绿色能稳定情绪，消除焦虑和视觉污染，保护眼睛；紫色能使准妈妈的心情保持平静。

花香沁人心脾，忧愁、焦虑、苦恼自然烟消云散，插花能使准妈妈的心情宁静安详，而所有这些，胎宝宝都能感受得到。

★写胎教日记，记录生活点滴

写胎教日记，可以成为每个准妈妈日常生活中的一部分，这是个有助于胎宝宝健康成长的良好习惯，同时也是情绪胎教的一种重要手段。

在胎教日记中，准妈妈可以记录孕期生活中一些比较重要的事情，比如每日的胎教情况，看了什么童话书籍，听了什么音乐，看到了什么美好的人、事物等。在怀孕的第一个月，还可以写一写宝宝来到这个世界时自己的感受、心情，初为人母的感情经历变化，写一写有了宝宝以后生活、家庭的变化，是否为身边的人带来了喜悦之情等等，也可以开始记录自己的体重变化、产前检查、健康状况等。

胎教日记的形式可以是多种多样的，并不仅仅局限于文字，也可以用一些图画、表格的形式来表达。

胎教日记可以由准妈妈来写，也可以与准爸爸共同完成。记录生活中的点点滴滴，记录孕期的心路历程，更为重要的是真情实意的流露，使这本日记成为宝宝和妈妈共同成长的印记，成为日后弥足珍贵的记忆。

★哼唱喜爱的抒情歌曲

怀孕七个月的准妈妈由于肚子有明显的沉重感，会很容易感觉累，心情有时也会突然郁闷，甚至会感觉怀孕生活有些压抑。为了避免这些情况的发生，准妈妈可以用哼唱歌曲的方式让自己心情放松。

唱歌除有相当高的艺术价值之外，还有很大的健康价值，不仅能让准妈妈心情愉快，而且还能增强身体的免疫力，是保持身心健康的一剂“天然良药”。

唱歌也是人类自古以来的一种本能，是很好的情感表达方式。通过准妈妈的哼唱，胎宝宝可以得到来自妈妈的信息，有助于促使其发育过程中产生积极的心理变化，胎宝宝的发育会更加健康。

准妈妈在哼唱抒情歌时，不仅可以使自己的心情和谐宁静，还能通过从歌曲中获取的意象和寓意，更加热爱生活。在小树林或公园中散步歌唱，聆听着树木成长的感慨，凝望着绿绿的树叶、强壮的树干，闻着大自然沁人的芳香，拥抱着小树，仿佛是将要出生的宝宝，那一刻准妈妈心潮荡漾，想象着宝宝会像树木一样健康成长，会像树木一样结实扎根，把生命扎根于泥土，将爱恋撒向大自然。

小贴士

为准妈妈推荐哼唱的歌曲如：《小路》《大森林的早晨》《高高的白杨》《小白杨》《月亮船》《采蘑菇的小姑娘》《木马摇摇》《妈妈的吻》《春天在哪里》《欢乐颂》等。

音乐胎教

★什么是音乐胎教

音乐胎教是现如今很多准爸妈都在使用的胎教方法，但并不只是纯粹的聆听音乐，而是一个由音乐贯穿起来的系统且综合的胎教方式，其中包含聆听、律动、冥想、歌唱等不同的形式。

★欣赏名曲：《蓝色多瑙河》

《蓝色多瑙河》，全称是《美丽的蓝色多瑙河旁圆舞曲》，是奥地利作曲家小约翰·施特劳斯的音乐作品。

《蓝色多瑙河》由五首连着的小圆舞曲组成。第一小圆舞曲描绘了多瑙河畔，人们陶醉在大自然中翩翩起舞的情景；第二小圆舞曲描写了阿尔卑斯山下的姑娘们欢快跳舞的场景，格外动人；第三小圆舞曲呈现了舞蹈的狂欢场景；第四小圆舞曲带有热情奔放的节奏感，展示了春意盎然般的心情；第五小圆舞曲则使人联想到在多瑙河上无忧无虑荡舟的情境。整曲在欢快的气氛中结尾。

准妈妈和宝宝一起欣赏这首名曲，当柔和的音乐响起来时，可以想象在蓝色的多瑙河畔，朝阳初升，雾气消散，绚丽的霞光使清晨苏醒，很快地，美丽的多瑙河扬起欢乐的波涛，微风中夹杂着香草的味道，生活中的一切在阳光的沐浴下充满了生机和活力，这种活力会给准妈妈和胎宝宝以积极向上的力量。

★欣赏名曲：《吉普赛之歌》

帕布罗·德·萨拉萨蒂（1844~1908），西班牙小提琴家、作曲家。幼年时即学习小提琴，十岁登台演奏。1856年入巴黎音乐学院深造，毕业后在欧美各地巡回演出，广受欢迎。萨拉萨蒂的演奏技艺精湛，音色甜美纯净，被后人称为“帕格尼尼再世”。

这首《吉普赛之歌》，又名《流浪者之歌》，是小提琴独奏曲中不朽的名篇。这是一首对吉普赛人的赞美之曲，准妈妈在听这首曲子时，尽量闭着眼睛，跟着音乐想象着曲子所呈现的画面。

吉普赛民族在世界上分布广泛，却是从不定居的流浪民族，世世代代过着清苦而又饱受歧视的生活，但却保持了活泼、乐观的生活态度，且能歌善舞。吉普赛民族虽风餐露宿、漂泊流浪，如风中的落叶、水中的浮萍，但他们哀而不伤、怨而不争，依然浪漫刚强，用生命轻吟慢唱，演绎着音乐的魅力，成为世间一朵永不消逝的玫瑰！准妈妈如果向胎宝宝输入这样强大的精神食粮，将坚强、乐观融入胎宝宝的血液之中，对他们将来的成长可谓相当有利。

作者萨拉萨蒂的作品自始至终十分讲究效果和技巧，都是纯粹的小提琴作品。他运用恰到好处的手笔描写了这一民族性格的几个侧面，并与小提琴的旋律性、技巧性完美结合，使这首曲子得以闻名于世。

小贴士

这一首乐曲是萨拉萨蒂所有作品中最为世人所熟悉的名作，它那回肠荡气的伤感色彩与艰涩深奥的小提琴技巧所交织出来的绚烂效果，任何人听后都会心荡神驰不已。

★欣赏名曲：《欢乐颂》

《欢乐颂》是《贝多芬第九交响曲》的终曲乐章，是贝多芬于1819~1824年间创作的。同时，这期间也是贝多芬音乐创作生涯中的最高峰。

这首乐曲的主旋律进场是由大提琴和低音提琴演奏的，浑厚、低沉的声音在寂静中响起，给人一种深沉、平静的感觉。

旋律演奏了一次之后，中提琴进场重复旋律，旋律行进到中音部，音色稍亮起来，给旋律带来一种明快的感觉，低音部则退到后面和木管一起伴奏。

中提琴演奏完旋律之后也退到伴奏，接着小提琴如歌般的声音欢唱着，让旋律真正活了起来。

小提琴声部简单重复了旋律后，旋律行进到乐队齐奏，这时铜管、木管吹奏主旋律，其他各声部伴奏，场面宏大，由之前的平静、深沉进入到万众欢腾的场面。欢乐颂的主旋律贯穿始终，一个简单而又优美的旋律就将欢乐表现得淋漓尽致。

小贴士

在怀孕的第三个月，准妈妈的精神、情绪都处在一个多变的时期，并且可能会觉得充满压力，所以经常听一些欢快、柔和的乐曲，可以帮助平复焦躁不安的情绪。

★妈妈唱儿歌《幸福拍手歌》

《幸福拍手歌》

如果感到幸福你就拍拍手
如果感到幸福你就拍拍手
如果感到幸福就快快拍拍手呀
我们大家都来一起拍拍手

如果感到幸福你就跺跺脚
如果感到幸福你就跺跺脚
如果感到幸福就快快跺跺脚呀
我们大家都来一起跺跺脚

妈妈想说

宝宝，听着这么欢快的歌曲，你有没有在妈妈肚子里拍拍手呢？听到妈妈的歌声，你就踢踢妈妈的肚子，让妈妈知道你在听好吗？只要能感受到你的存在，妈妈就能感到无比的幸福。

运动胎教

★什么是运动胎教

运动胎教是指准妈妈适时进行体育锻炼以帮助胎宝宝活动，促进胎宝宝大脑及肌肉发育的方式。

准妈妈通过运动，能促进体内的新陈代谢以及血液循环，帮助增强心脏功能，锻炼肌肉，从而保持健康的身体及强健的体魄。

研究表明，凡是在宫内受过“体育”运动训练的胎宝宝，出生后在翻身、坐立、爬行、走路及跳跃等动作的发育会明显早于没有做过运动胎教的宝宝，也会显得更加聪明。

★运动胎教的目的

①使胎宝宝相对位置改变及子宫内羊水晃动，训练胎宝宝的平衡感。

②促进全身血液循环，增加胎盘供血，有利于胎宝宝健康发育。

③增强准妈妈腹肌、腰背肌和盆底肌的张力和弹性，使关节、韧带松弛柔软，有利于准妈妈正常妊娠及顺利分娩。

④控制准妈妈孕期体重的增加，有助于产后体形的恢复。

⑤解除准妈妈的疲劳和不适，使其心情舒畅。

★准妈妈游泳

准妈妈游泳的好处

怀孕期间游泳对准妈妈是很有益处的，能够调节准妈妈的神经系统功能，促进血液循环，使其更加适应分娩，还能减少由于紧张而引起的诸多不良情绪，缓和某些孕期综合征，如腰背疼痛、痔疮和下肢浮肿等压迫症状。

游泳前的准备

①选择水质、清洁度、过滤消毒设备完善，管理好的游泳场馆，以保证游泳时的

卫生和安全。

②要考虑室内温度及通风情况，以防锻炼或休息时因为环境、温度等发生变化而出现感冒等症状。

③游泳之前必须办理健康证，如有心脏病、肝炎、皮肤病等疾病，严禁游泳，应对自己和他人的健康负责。

④游泳池的水温如果太凉则不宜游泳，太凉的水会引起子宫收缩或出现蛋白尿。

⑤在下水之前应先沐浴，将身上的汗渍冲洗掉再游泳，这样可以使自己较快适应水温，同时维护池水清洁。

⑥准妈妈容易脱水，这是由于液体补充不足而引起的，因此在游泳之前要补充一定液体食物和营养。游泳时人虽然在水中，但毕竟是在运动，还是会消耗能量，只是有时感觉不明显而已。

⑦运动前不要过饱或过饥，过饱易增加身体负担引起不适，而过饥是由于能量补充不足，易发生晕眩。

⑧下水前应活动一下身体，以防在水中发生腿抽筋。

★准妈妈操

颈部运动

颈部运动可以缓解颈部酸痛、促进大脑供血，让准妈妈神清气爽。运动时，准妈妈先两手插腰，使头以颈为轴，向左转80~85度，后复位，之后按同法，往相反方向做同样动作。重复3~4次。

骨盆的运动

此运动可放松骨盆的关节与肌肉，使其柔韧，利于顺产。单膝屈起，膝盖慢慢向外侧放下，左右各10次。双膝屈起，左右摇摆至床面，慢慢放松，左右各10次。

盘腿运动

此运动可以帮助胎宝宝顺利通过产道。放松耻骨联合与股关节，伸展骨盆底肌肉群。笔直坐好，双脚合十，用手拉向身体，双膝上下活动，宛如蝴蝶振翅，做10次。同一姿势，吸气伸直脊背，呼气身体稍向前倾，做10次。

脚部运动

首先把一条腿搭在另一条腿上，然后放下来，重复10次，每抬1次，高度增加一些，然后换另一条腿，同样的动作重复10次。两腿交叉向内侧夹紧、紧闭肛门，抬高阴道，然后放松。重复10次后，把下面的腿搭到上面的腿上，再重复10次。

腹肌运动

此运动可锻炼支持子宫的腹部肌肉。单腿屈起、伸展、屈起、伸展，左右各做10次。双膝屈起，单腿上抬、放下、上抬、放下，左右各做10次。

★缓解妊娠不适的拉伸运动

拉伸运动是一种比较舒缓的运动，可以帮助缓解常见的妊娠不适症状，如腿部抽筋等。在运动之前要适当热身，避免运动过程中拉伤。

腿部拉伸运动

身体直立，自然呼吸，两脚稍分开，右脚向后退一步，左膝盖稍弯曲，身体向前倾斜直到右腿肚子有牵拉感，然后复原，换左脚反复进行。

上臂拉伸运动

身体直立，双脚分开与肩同宽，收紧腹部，右臂向上拉伸。然后后屈右肘关节，使手指达到肩胛骨之间的位置。左手放在右手肘关节处，轻轻向后方牵拉，坚持一会儿，使右侧背部感到牵拉感。复原之后，再换一侧做相同的动作，重复几次即可。

腰部的拉伸运动

坐在地板上，双腿分开至最大，脚掌与地面保持垂直。右腿膝盖弯曲，使右脚掌尽量贴于左侧大腿根部。右手扶住腹部，左手尽量去抓左脚尖，使右侧腰部和腿部的肌肉有拉伸感。复原之后，换另一侧重复相同的动作，重复几次即可。

小贴士

做拉伸运动的正确的方法是缓慢和放松，保持每个动作10~30秒，每一个拉伸运动重复2~3次或更多。可试着加深拉伸运动的程度，但不要把拉伸运动做到引起疼痛的程度。

★准妈妈如何正确散步

准妈妈饭后散步方法一：舒缓散步法

首先放一些轻松舒缓的音乐，然后按节奏行走，步伐不要太大，自我感觉轻松舒适就好。同时，双臂在身侧自然摆动，幅度不必太大，配合深呼吸（即将充足的空气从鼻孔吸入肺部，由嘴部呼出）。这种方式可扩张肺部功能，锻炼分娩时需要的呼吸技巧。

准妈妈饭后散步方法二：交替散步法

所谓交替就是快慢结合，首先从慢走开始，利用慢走热身，10分钟左右即可。之后步伐稍微加快，1~2分钟即可。再然后，快步行走近似小跑，2分钟即可。

如此循环4~5次，其中自第二次开始，慢走减为5分钟，结束时，慢走5分钟，放松身体。这样可以锻炼腿部肌肉力量，帮助自然分娩。

准妈妈饭后散步方法三：综合散步法

在交替散步法的基础上，添加肢体动作，达到活动全身的目的。比如，每做完一个循环，双腿微叉至臀宽，手臂抬起至与肩同宽，手掌向前伸展，然后匀速下蹲3~5次；一手掐腰，另一只手臂前伸，上半身向手臂掐腰一侧转，同时匀速下蹲。这一过程也是3~5次，做完换方向，同上。

★抚摸胎教

准妈妈本人或者准爸爸用手抚摸准妈妈的腹壁，引起胎宝宝触觉上的刺激，以促进胎宝宝感觉神经及大脑的发育，称为抚摸胎教。

研究表明，胎宝宝体表绝大部分表层细胞已具有接受信息的初步能力，并可通过触觉神经来感受母体外的刺激，而且反应渐渐灵敏。法国心理学家贝尔纳·蒂斯认为："爸爸妈妈都可以通过抚摸的动作配合声音，与子宫中的胎宝宝沟通信息。这样做可以使胎宝宝有一种安全感，使孩子感到舒服和愉快。"

抚摸胎教可以安排在妊娠20周后，每晚临睡前进行（具体时间可由爸爸妈妈的工作性质及作息情况而定，但最好定时），并注意胎宝宝的反应类型和反应速度。如果胎宝宝对抚摸的刺激不高兴，就会用力挣脱或者蹬腿来反应。这时，爸爸妈妈应该停止抚摸。如果胎宝宝受到抚摸后，过了一会，才以轻轻的蠕动作出反应，这种情况下可以继续抚摸。抚摸从胎头部位开始，然后沿背部到臀部至肢体，轻柔有序。抚摸时间不宜过长，以5~10分钟为宜。抚摸可以与数胎动结合进行，并且将情况记录在胎教日记中。

意念胎教

★什么是意念胎教

意念胎教，很多准妈妈听到这个词的第一感觉是很悬乎。其实意念胎教也有它严谨的科学依据。比如心理医生会告诉失眠患者，睡觉之前尽量回忆一些美好事物，这样有助于睡眠。

意念胎教是一种主动的自我调节，准妈妈通过控制自己的思想，让身体产生积极的反应。意念胎教不仅对准妈妈很有帮助，还能通过神经递质的传递，让腹中的宝宝也感知到准妈妈传递的真情。以上描述的就是所谓的意念胎教。

★画出孩子的脸

准妈妈可能想象过无数遍孩子出生后的样子，眼睛像谁，鼻子像谁，嘴巴像谁……其实，你大可将自己心中宝宝的样子画出来，这样讲话的时候看着他，是否也觉得宝宝就真的坐在自己面前或躺在自己怀里呢！

准妈妈可以选择一个舒适的姿势，看着孩子的脸，将自己心中的快乐与幸福全部都讲给孩子听，这样准妈妈就能将平和安静的情绪传递给胎宝宝，如此一来，胎教的效果也会变得更好。

如果不会画画，收集一些漂亮宝宝的画像贴在墙上也是可以的，这样欣赏着漂亮宝宝，心理也期待着能生下一个漂亮宝宝，而宝宝也能感受到妈妈对自己的期待与喜爱，希望快快长大，让妈妈见到自己。

★让宝宝也听听外面世界的声音

怀孕期间，妈妈不要经常把自己憋在家里，偶尔可外出看画展或是来一次短途旅行。

准妈妈可以将自己喜欢的、觉得美好的事物讲述给胎宝宝听，通过语言及情感的传递，让宝宝“看”到妈妈所描述的世界，在不知不觉中，让宝宝也感知到外界的存在。

在游玩的过程中，准妈妈可以跟宝宝一起聆听一下大自然的声音，感受清风拂面，聆听鸟语花声，想象自己真的和宝宝一起来到了这里。将自己看到的美丽景象描述给宝宝听，让宝宝从听觉和感受上体验到外面世界的美好。

在人走进大自然的过程中，人的身体和心灵都会进入一种安静舒适的状态，更利于母子内心世界的沟通和交流。

★准妈妈的“心灵操”

为了宝宝健康，准妈妈尝试“心灵操”，做好心灵上的熏陶是十分必要的，不仅能使准妈妈心平气和，还能培养胎宝宝良好、健康的心性。

准妈妈们赶紧来学一下“心灵操”吧！

放空大脑

早上起床的时候，准妈妈先不要忙着起床，而是闭上眼睛，让自己彻底放松，使身、心、头、脑处于宁静舒适的状态。

心态暗示

准妈妈应在平静舒适的环境中暗示自己：我是一个好妈妈，有良好的修养和教育，我要培养出品性优良、心中有爱的孩子，并在心中默念几遍。

自我肯定

准妈妈要对自己做心理暗示：我相信我是一个有爱心、心胸宽广的母亲，我对此十分肯定。我的孩子也一定会受到良好的熏陶，在爱与自由的召唤下成为一个优秀、健康、心灵美好的孩子。

自我放松

做完上述的心理暗示之后，准妈妈再次慢慢放空自己的思绪，从脚趾开始到头顶的每一根发丝都放松，让整个身体慢慢放松下来。

准妈妈每次做完“心灵操”后，都会觉得自己的内心好像受到了洗涤，有了为胎宝宝奋斗的目标。此外，准妈妈要以身作则，为胎宝宝树立好的榜样，时刻注意自己的道德修养和为人处世。这种行为在潜移默化中也会对胎宝宝良好人格的形成产生影响。

★给胎宝宝传递安全的记忆信息

研究表明，胎宝宝在子宫内就能够通过胎盘接受母体神经反射传递的信息，使脑细胞在分化、成熟过程中不断接受母体神经信息的调节与训练，迅速增大记忆储存，并开始引导其行为的发展。

有人做过这样的实验：在医院产科的婴儿室播放有关母亲子宫内血液流动及心脏搏动声音的录音，发现正在哭泣的新生儿很快就能安静下来，显得情绪稳定，饮食、睡眠情况也变好了，而且体重迅速增加。这是因为胎宝宝在母亲的子宫中早已熟悉母

小贴士

既然胎宝宝有记忆能力，那么准妈妈就应该设法开发胎宝宝的记忆力，通过意念胎教等方式，把良好的、积极的、健康的、真善美的信息及时传递给胎宝宝，输入他的脑子里，受用一生。

亲的心音，一听到这种声音就会感到安全亲切。

★科学叹气，排出心情毒素

叹气是一种正常的生理现象，“长吁短叹”不仅可以使体内横膈上升，促进肺部排尽浊气，还能增加肺活量和血液中的含氧量，从而促进新陈代谢，加快血液循环，使身体处于松弛状态，使大脑兴奋和抑制状况趋于协调。

科学叹气可以消除一些负面情绪，如悲伤、痛苦、紧张焦虑以及精神压抑感等，使这些负面情绪在一声声叹息中向体外排出，从而有益机体内环境的调节和稳定，使机体脏腑功能得到充分的发挥。

准妈妈应确定一个舒适的姿势坐着，并有约半小时的独处时间。

首先，应尽可能想象宝宝的模样，比如宝宝小小的身体、精巧的五官等。然后站起来，将手放在腹部上。现在，准妈妈心里存着宝宝的意象，一面深吸一口气，一面往前突出腹部，当吐气的时候，张开嘴巴，发出一声宏亮、悠长的喉音“啊”，并重复几次。

当准妈妈感觉和胎宝宝完全契合时，闭上眼睛，开始以鼻子吸气。吸气时往前突出腹部，想象着自己的身体是一个功能强大的氧气机，自己的气息像氧气一样进入胎宝宝的身体。当吐气时，往后缩回肚子，一面张开嘴巴，发出一声宏亮、悠长的喉音“啊”，一面想象着自己正拥抱着宝宝，用自己的气息温暖呵护，给宝宝构建起最安全的屏障。

小贴士

科学叹气法可以让准妈妈通过想象和韵律呼吸，达到排除心中郁闷和与胎宝宝交流的目的，准妈妈经常进行此项练习，还可以为以后生产时的阵痛做好准备。

★想象胎宝宝的形象

准妈妈如果经常想象胎宝宝的形象，可以使心中充满幸福感，对自己和胎宝宝的身心健康都非常有益。因为准妈妈与胎宝宝在心理和生理上有紧密的联系，准妈妈的想象通过意念构成胎教的重要部分，并很有可能转化、渗透到胎宝宝的身心之中。另外，准妈妈在做构想时，情绪达到最佳状态，能促进良性激素的分泌，使胎宝宝面部结构、大脑及皮肤发育良好。

构想时，准妈妈要以舒服的姿势使整个身体放松下来，自由地深呼吸，想象整个身体都是新鲜的。之后慢慢地呼气，想象着把细胞中的紧张、压力与不快统统吐出去，这样会进入更放松的状态。然后想象最令人愉悦和安宁的场景，这种想象能够提高准妈妈的自信心，并最大限度地激发宝宝的潜能，对克服心情烦躁很有效果。

此时，准妈妈闭上眼睛，放轻松，慢慢想象着胎宝宝长大以后的样子。他长得像谁？他有多么喜欢和你亲昵？他的性格是什么样的？你希望他将来成为一个什么样的人？当那些想象中的画面一一浮现时，相信准妈妈身上的每一个细胞都会变得兴奋而充满活力。

★自我催眠

随着怀孕的进展，相信准妈妈会将越来越多的时间放在未出生的小宝宝身上。但如果你还要兼顾忙碌的工作，照顾其他家庭成员，那在无形之中，你跟胎宝宝的交流就变少了。自我催眠是一种快速进入深度放松阶段的好方法，这样准妈妈就能通过最少的时间，让自己得到好的休憩了。

准妈妈可以先选择一个合适的时间，确保自己可以处于完全放松的情形下。然后选择一张宽大的椅子，可以舒适地躺在上面，在摆好舒适的体位之后，开始注视你视野里的三样东西，如喜欢的照片、手边的一本书、挂在墙上的时钟。任何的三样东西都可以。

当注意到这三样东西之后，再将注意力开始转换都自己身上的三种感觉。如你用手指触摸皮肤的感觉、你呼吸时胸廓起伏的感觉、吃了巧克力时甜腻的感觉。任何三种感觉都可以。

当注意力集中在这三种感觉之后，再将注意力转移到四周可能出现的三种声音上来。可以是时钟的滴答声、风吹树叶的哗啦声、窗外的鸟叫声。任何三种声音都可以。

现在慢慢闭上双眼，用心灵的眼睛看三样东西中的两样；感受三种感觉中的两种感觉；听三种声音中的两种是声音。最后，集中注意力只感受视觉上的一种，感觉上的一种以及声音上的一种。

现在准妈妈已经处于完全放松的状态了，这段时间可以让自己任意处置，可以沉溺于梦境、思考下人生、做一段观想练习等。在自我催眠的状态下感受一下自我，这种深层放松的感受可以通过意识的传递，让胎宝宝也感受一下。

★胎教不宜急于求成

胎教近年来越来越受到人们的关注，但是有的胎宝宝经过各种胎教之后，虽然聪明活泼，但是精力过盛，总是不爱睡觉，原因在于准妈妈胎教过于频繁，使得宝宝不断接受刺激。其实，这种认为胎教多多益善的做法是不对的，因为它已经干扰到胎宝宝的生物钟，以致胎宝宝出生后显得过分活跃。

意念胎教，需要有适宜的刺激方法，但是应定时、定量。要生出一个健康、聪明的宝宝，不要急于求成，而是要选择最佳的方式进行科学的胎教。

科学的胎教方法需要爸爸妈妈对于胎教有正确的认识，要学习相应的知识，用科学的方法进行，并且按照自然的发展规律，按胎宝宝的月龄和每个胎宝宝的发展水平进行相应的胎教。既要做到不放弃施教的时机，也要做到不过度人为干预。在自然和谐中有计划地进行胎教，才能获得最大的成效。

所以，准爸爸准妈妈在给宝宝进行胎教的时候一定不要急于求成。

Part 2

妊娠7个月至宝宝出生，是宝宝脑发育的第二个重要阶段

妊娠到第7个月的准妈妈，此时大多沉浸在胎宝宝不久将要面世的喜悦和期盼中。在感受内心愉悦的同时，准妈妈们也不要忘了，宝宝脑部发育的第二个重要阶段已经来临。这个阶段是脑细胞增殖、增肥阶段，一方面是脑细胞数量持续增加，另一方面是脑细胞体积开始增大。本章将主要讲述这一时期准妈妈需要补充的各种营养及促进宝宝脑发育需要关注的重点。

孕7月至出生，胎宝宝需要的脑营养

孕7月主打营养："脑黄金"

本月是孕中期的最后时期，准妈妈各方面情况与前一个月相差不大。但是本月已经面临了妊娠高血压综合征，所以在饮食方面需要格外小心。

准妈妈这个月不宜多吃动物性脂肪，减少盐的摄入量，日常饮食以清淡为佳，忌吃咸菜、咸蛋等盐分高的食品。浮肿明显者要控制每日盐的摄取量，限制在2~4克之间。同时，要保证充足、均衡的营养，必须充分摄取蛋白质，适宜吃鱼、瘦肉、牛奶、鸡蛋、豆类等。忌用辛辣调料，多吃新鲜蔬菜和水果，适当补钙。

此外，准妈妈这个月尤其要注意补充的营养是"脑黄金"，DHA、EPA和脑磷脂、卵磷脂等物质合在一起就是"脑黄金"。"脑黄金"对于怀孕7个月的准妈妈来说，具有双重的重要意义。首先，"脑黄金"能预防早产，防止胎宝宝发育迟缓，增加婴儿出生时的体重。其次，此时的胎宝宝，神经系统逐渐完善，全身组织尤其是大脑细胞发育速度比孕早期明显加快。而足够量"脑黄金"的摄入，能保证婴儿大脑和视网膜的正常生长发育。

为补充足量的"脑黄金"，准妈妈可以交替地吃些富含DHA的物质，如富含天然亚油酸、亚麻酸的核桃及松子、葵花子、杏仁、榛子、花生等坚果类食品，此外还包括海鱼、鱼油等。这些食物富含胎宝宝大脑细胞发育所需要的必需脂肪酸，有健脑益智的作用。

另外，要注意增加植物油的摄入。此时，胎宝宝机体和大脑发育速度加快，对脂质及必需脂肪酸的需要增加，必须及时补充。因此，增加烹调所用植物油即豆油、花生油、菜油等的量，既可保证孕中期所需的脂质供给，又提供了丰富的必需脂肪酸。

准妈妈还可吃些花生仁、核桃仁、葵花子仁、芝麻等油脂含量较高的食物，并将每周体重增长控制在350克左右，以不超过500克为宜。

孕8月，大脑发育需要脂肪酸

怀孕8个月，胎宝宝开始在肝脏和皮下储存糖原及脂肪。这时应保证热量的供给，增加主粮的摄入，如大米、面粉等。此外，还需要补充一定量的脂肪酸，尤其是丰富的亚油酸可满足大脑发育所需。这个月准妈妈开始面临妊娠并发症，应尽量少吃动物性脂肪，减少盐的摄入量，忌吃咸菜、咸蛋等盐分高的食品。浮肿明显者要控制每日盐的摄取量，限制在2~4克之间。这个月宜吃食物有：

①脂肪：豆油、菜油、花生油、芝麻油、核桃仁、虾、动物内脏。

②蛋白质：鸡蛋、猪瘦肉、鸡肉、鱼类、豆制品、小米、豆类。

③铁类：牛肉、蛋黄、血类、樱桃、桃、菠萝。

营养素	供给量	食物来源	温馨提示
蛋白质	需摄入75~100克/天	肉类、鱼虾、豆及豆制品、奶及奶制品、蛋类	动物性蛋白要占到全部蛋白质的一半，另一半为植物性蛋白质。
脂肪	60克/天	油类、奶类、肉类、谷类、坚果	平均每天主食（谷类）400~450克即可满足需要。每日需要植物油25克左右，总脂肪60克左右，根据体重增加情况进行调整。
碳水化合物	400克/天	谷类、薯类、根茎类食物	碳水化合物摄入不足会导致热能缺乏，摄入过多则会导致过重，准妈妈要控制好。
钙	需摄入至少1000毫克/天	奶及奶制品、豆及豆制品、深绿色蔬菜、骨汤	膳食中的草酸、植酸、纤维素、维生素D会影响人体对钙的吸收，尽量分开摄入。

孕9月，补充蛋白质和微量元素

这个月，准妈妈应着重蛋白质、维生素、微量元素的补充。鉴于胎宝宝最后发育的需要，这一时期，准妈妈的营养应该以丰富的无机盐、蛋白质、维生素为主。

从人体来说蛋白质的含量占脑干的总重量的30%~35%，我们的皮肤、肌肉、内脏、毛发、韧带、血液等都是以蛋白质为主要成分。更为重要的是，蛋白质是人的大脑复杂智力活动中不可缺少的基本物质。如果在胎宝宝期蛋白质供应严重不足会引起胎宝宝大脑发育障碍，将严重影响出生后的智力水平。

另外，孕后期，逐渐增大的胎宝宝会给准妈妈带来负担，准妈妈很容易发生便秘。由于便秘，又可发生内外痔。为了缓解便秘带来的痛苦，准妈妈应该注意摄取足够量的膳食纤维，以促进肠道蠕动。全麦面包、芹菜、胡萝卜、白薯、土豆、豆芽、菜花等各种新鲜蔬菜水果中都含有丰富的膳食纤维。准妈妈还应该适当进行户外运动，并养成每日定时排便的习惯。

怀孕9个月，到了孕晚期，应当避免以下几类食品：一是甜食，以防引发妊娠糖尿病；二是寒凉食品，以防对胎宝宝不利；三是大补食品，有可能影响分娩。

具体营养素及相关内容可详见下面表格：

营养素	供给量	食物来源	温馨提示
蛋白质	需摄入75~100克/天	肉类、鱼虾、豆及豆制品、奶及奶制品、蛋类	以鸡肉、鱼肉、虾、猪肉等动物蛋白为主，可以多吃一些海产品。
维生素K	推荐70~140微克/天	鱼类、肉类、奶及奶制品、蔬菜、水果、坚果	通过天然的食材，即使供给大量的维生素K_1和维生素K_2也不易中毒。

维生素B_1	需摄入1.5毫克/天	谷类、豆类、干果、酵母、硬壳果类	维生素B_1在高温或者紫外线下容易被破坏。
钙	需摄入至少1000毫克/天	奶及奶制品、豆及豆制品、深绿色蔬菜、骨汤	膳食中的草酸、植酸、纤维素、维生素D会影响人体对钙的吸收，尽量分开摄入。
铁	需摄入25毫克/天	动物肝脏和血、瘦肉、红糖、坚果、蛋、豆类、桃、梨	植物中的植酸、草酸、膳食纤维、茶与咖啡、牛奶中的蛋白质会抑制人体对铁质的吸收，尽量分开食用。

孕10月，需要补充硫胺素和铁

怀孕第10个月，准妈妈必需补充维生素和足够的铁、钙、充足的水溶性维生素，以硫胺素最为重要。

如在孕10月，硫胺素不足，易引起呕吐、倦怠、体乏，还可影响分娩时子宫收缩，使产程延长，分娩困难。

铁摄入量不足，可影响胎宝宝体内铁的存储，产后易患缺钙性贫血。

妊娠全过程都需要补充钙，但胎宝宝体内的钙一半以上是在怀孕期最后2个月储存的。

如10个孕月里钙的摄入量不足，胎宝宝就要动用母体骨骼中的钙，致使准妈妈发生软骨病。

准妈妈特别要注意加强最后3个月内的营养，切忌偏食，并注意膳食内所含的营养素的合理搭配。

孕10月的时候，准妈妈可多吃谷类、花生、糙米、赤小豆、薏苡仁、黄豆、田螺、青鱼、鲤鱼、冬瓜、紫菜、海带、红枣、黑木耳等。

影响宝宝脑发育的因素

过量补钙

★补钙过量影响脑发育的原因

钙是身体内重要的常量元素，发挥着重要的生理作用。缺钙将导致胎宝宝发育迟缓、出生后出牙晚、佝偻病等，也可导致准妈妈小腿痉挛、腰酸背痛、关节痛、浮肿、妊娠高血压等。

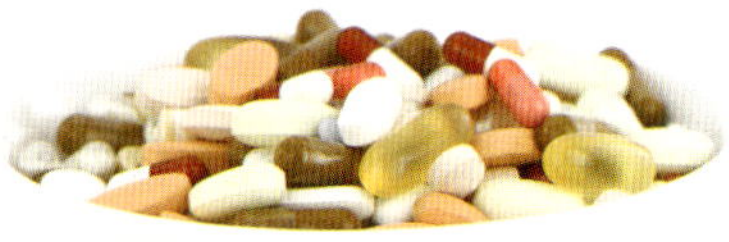

而过量补钙同样会带来不利影响，甚至影响到胎宝宝的脑部发育。孕期过量补钙，会造成胎宝宝的骨头过早钙化，以致囟门提前闭合（一般正常宝宝在1岁左右囟门闭合），从而制约宝宝的大脑发育，影响宝宝智力发展，还会伴有提前长牙，胎盘老化、钙化，难产等一系列不良后果。

★准妈妈如何正确补钙

孕早期

钙质普通摄入：800毫克/天。

孕早期是细胞分裂和器官初步发育形成期，准妈妈钙的需求量与普通成年人需求量相同。每天喝250毫升鲜牛奶或者酸奶，就可以提供约250毫克钙，再加上其他食物中提供的钙，或多晒太阳，一般能够满足机体的每天钙的需求，无需额外补充钙剂。

孕中期

增加钙质摄入：1000毫克/天。

胎宝宝快速生长期，摄入量增加。每天要喝500毫升牛奶或酸奶，对于不习惯喝奶的准妈妈，每天可以补充500毫克左右的钙片，再吃一些虾皮、腐竹、黄豆以及绿叶蔬菜等含钙量丰富的食物，一般即可满足需求。同时进行一些户外运动，享受日光浴，能促进身体对钙的吸收。

孕晚期

增加钙质摄入：1200毫克/天。

随着胎宝宝的持续长大，对钙需求量进一步增多。准妈妈每日喝500毫升牛奶或酸奶，补充500毫克钙片，再吃一些含钙丰富的食物，才能达到需要的钙量。当然，不要忘了每天的日照，冬天一般每天不少于1个小时，夏天则为半个小时左右，并且尽量避开上午10点~下午3点这个时间段，避免被紫外线强烈的阳光照射。

叶酸超标

★叶酸超标的危害

叶酸是胎宝宝生长发育不可缺少的营养素。准妈妈缺乏叶酸会导致胎宝宝出生时出现低体重、唇腭裂、心脏缺陷等。如果在怀孕头3个月内缺乏叶酸，可引起胎宝宝神经管发育缺陷，而导致畸形，所以准妈妈在怀孕之初都会特别注重叶酸的补充，但是如果叶酸补充超标，后果同样很严重。

叶酸摄入过量，会导致微量元素锌的缺乏，而锌缺乏是导致先天性痴呆不可忽视的原因之一，会影响蛋白质的合成，进而影响到细胞分裂的正常进行。尤其在怀孕后期及出生后1~2年内，由于胎宝宝、婴幼儿正处在大脑细胞分裂的时期，缺锌会使脑细胞总数减少，出生后仍继续缺锌，则会抑制脑细胞增大，从而导致孩子先天性痴呆。

★如何正确补充叶酸

专家建议，育龄女性每天摄入的叶酸不低于400微克，计划怀孕以及哺乳期的女性每天摄入的叶酸不低于600微克。叶酸的补充要在准备怀孕前的3个月开始，一直吃到怀孕满3个月时止。

准妈妈缺乏叶酸可使先兆子痫、胎盘早剥的发生率增高，同时叶酸缺乏也是引起神经管畸形的主要原因，而妊娠早期的三个月主要是胎宝宝神经管的发育，神经管闭合是在胚胎发育的3~4周，如果缺乏叶酸，可引起神经管未能闭合，导致脊柱裂和无脑畸形为主的神经管畸形。

同时，7~8周是胎宝宝腭部发育的关键时期，为防止兔唇、腭裂的出现，也要注意及时补充叶酸。

长期摄入6种人工色素

科学研究表明，令食品颜色鲜艳的人工色素对宝宝的危害程度等同于含铅汽油，除了会导致多动症等行为障碍外，长期摄入以下6种人工色素，还会损害宝宝的智力，严重时会令其IQ值下降5.5分。

因此，准妈妈在孕期要提高警惕，少吃或者不吃含有人工色素和防腐剂的食品，多吃绿色有机食品。

名称	用途
柠檬黄	在人们常吃的青豆茸以及棉花糖中使用，英国禁止在所有3岁以下儿童的食品和饮料中使用。
喹啉黄	经常在果汁和感冒胶囊中使用。
日落黄	经常在泡泡糖和豆形软糖中使用。
酸性红	经常在润喉糖中使用。
胭脂红	经常在软糖中使用。
诱惑红	经常在果冻和棒棒糖中使用。

孕期智力食谱三原则

全面原则

人的大脑主要由脂类、蛋白类、碳水化合物、维生素B、维生素C、维生素E和钙等构成，因此营养摄取必须全面。建议每天最好摄取40种食品，至少也要14种以上。

均衡原则

研究证实，当脂肪摄取量占人体总热能的30%、蛋白质占15%、碳水化合物占55%左右，人体就会达到一个良好的平衡状态。单就脂肪而言，最好是做到饱和脂肪酸、多不饱和脂肪酸与单不饱和脂肪酸的平衡，即1∶1∶1的比例。至于钙与磷两种矿物元素，最佳比例则是2∶1。

不过，生活中要如此细化很难操作，只要做到了广吃博食，不偏食，不挑食，也就大致差不多了。

自然原则

自然原则即从天然食物中精选对胎宝宝智力发育有突出贡献的食物，作为三餐结构的主体。

入选的食物有大米、小米、赤小豆、黑豆、核桃、花生、芝麻、红枣、黑木耳、金针菇、海带、芹菜、西红柿、胡萝卜、玉米、畜肉、禽蛋、鱼虾、草莓、苹果、香蕉、猕猴桃、柠檬、葡萄等。

准妈妈应该吃什么？

芹菜

补脑原理

芹菜中富含蛋白质、碳水化合物、B族维生素以及钙、磷、铁、钠等多种矿物质元素，经过光合作用，还富含叶绿素，能为胎宝宝提供充足营养，充分保证对大脑能量的供给，起到补脑、增强智力、提高记忆力的作用。

金针菇拌芹菜

原料：
金针菇100克，胡萝卜90克，芹菜50克

调料：
盐、白糖各2克，生抽6毫升，陈醋12毫升，芝麻油、食用油各适量，蒜末少许

做法：①金针菇洗净，去根；胡萝卜洗净，去皮，切丝；芹菜洗净，切成段。
②将胡萝卜、芹菜、金针菇均焯水。
④将焯过水的食材加蒜末、盐、白糖、生抽、陈醋、芝麻油拌至入味即可。

清炒海米芹菜丝

原料：
海米20克，芹菜150克，红椒20克

调料：
盐2克，鸡粉2克，料酒8毫升，水淀粉、食用油各适量

做法：①芹菜洗净，切段；红椒洗净去籽，切成丝。
②海米入沸水锅中，汆煮后捞出。
③用油起锅，放入海米爆香，淋入料酒炒匀，倒入芹菜、红椒，加盐、鸡粉调味，用水淀粉勾芡炒匀即可。

菠菜

补脑原理

菠菜属长日照植物，含有丰富的叶绿素，还含有蛋白质、脂肪、碳水化合物、膳食纤维以及钙、磷、铁等多种矿物质，其维生素C含量是众蔬菜之首，人体造血物质铁的含量也比其他蔬菜多，能起到补脑、健脑的作用。

芝麻拌菠菜

原料：

菠菜200克，白芝麻8克，枸杞15克

调料：

盐3克，白糖2克，陈醋6毫升，芝麻油3毫升，食用油适量，蒜末少许

做法：①将菠菜洗净，切段。

②菠菜入沸水锅焯煮1分钟至熟。

③把洗净的枸杞放入沸水中略煮，捞出，沥干水分。

④将枸杞、菠菜装入碗中，放入蒜末，加盐、白糖、陈醋、芝麻油拌匀，装入盘中，撒上白芝麻即可。

蒜蓉菠菜

原料：

菠菜200克，彩椒70克，蒜末少许

调料：

盐、鸡粉各2克，食用油适量

做法：①将彩椒洗净，切粗丝；菠菜洗净，去根。

②用油起锅，放入蒜末爆香，倒入彩椒丝翻炒，放入菠菜，炒至断生，加盐、鸡粉炒入味。

③关火后盛出炒好的食材即可。

芋头

补脑原理

芋头中富含蛋白质、钙、磷、铁、钾、镁、钠、胡萝卜素、烟酸、维生素C、B族维生素、皂角甙等多种成分，其丰富的营养价值，能增强准妈妈的免疫功能，为胎宝宝提供充足的营养，促进其大脑神经组织的发育。

芋头烧肉

原料：

芋头180克，五花肉220克

调料：

老抽2毫升，生抽4毫升，料酒4毫升，食用油适量，姜片、蒜瓣、葱段各少许

做法：①芋头洗净去皮，切菱形块；五花肉洗净切块。

②热锅注油烧热，倒入芋头炸3分钟。

③锅底留油烧热，倒入五花肉，加老抽、生抽、姜片、蒜瓣、葱段炒香。

④注入清水煮沸，小火煮约25分钟，加料酒、芋头，约至熟软，大火收汁即可。

红枣芋头汤

原料：

去皮芋头250克，红枣20克

原料：

冰糖20克，清水适量

做法：①芋头洗净，切厚片，切粗条，改切成丁。

②砂锅注水烧开，倒入切好的芋头，放入洗好的红枣，用大火煮开后转小火续煮15分钟至食材熟软。

③揭盖，倒入冰糖，搅拌至溶化，关火后盛出煮好的甜品汤，装碗即可。

红薯

补脑原理

红薯不仅含有丰富的淀粉、维生素、纤维素等人体必需的营养成分，还含有大量的镁、磷、钙等矿物元素和亚油酸等。可有效促进胎宝宝大脑发育，促进其脑部结构的完善。

红薯烧口蘑

原料：
红薯160克，口蘑60克

调料：
盐、鸡粉、白糖各2克，料酒5毫升，水淀粉、食用油各适量，葱花少许

做法：①红薯洗净去皮，切块；口蘑洗净，切小块。
②锅中注水烧开，倒入口蘑、料酒焯水后捞出。
③用油起锅，倒入红薯、口蘑炒匀，注入清水，加盐、鸡粉、白糖，炒至食材入味，倒入水淀粉勾芡炒匀，盛出即可。

红薯山药麦豆浆

原料：
红薯30克，山药30克，水发黄豆50克，小麦30克

做法：①红薯、山药均洗净去皮，切滚刀块；黄豆泡发洗净，倒入碗中；小麦用清水洗净。
②将备好的山药、红薯、黄豆、小麦倒入豆浆机中，注入清水，至水位线即可。
③盖上豆浆机机头，选择“五谷”程序，再选择“开始”键，开始打浆，待豆浆机运转约20分钟，即成豆浆，过滤入碗中即可。

猪肝

补脑原理

猪肝中含有极其丰富的铁元素和锌元素，还含有硫胺素、核黄素、尼克酸以及蛋白质、糖类等多种营养成分，是为大脑补充充足能量的极佳食品。同时，还能起到促进大脑血循环的作用，促进胎宝宝大脑发育。

猪肝炒花菜

原料：
猪肝160克，花菜200克，胡萝卜片少许

调料：
盐3克，鸡粉2克，生抽3毫升，料酒6毫升，水淀粉、食用油、姜片、蒜末、葱段各适量

做法：①花菜洗净，切小朵；猪肝洗净，切片，装碗，加盐、鸡粉、料酒、食用油，腌渍入味；花菜焯水后捞出。
②用油起锅，放胡萝卜片、姜片、蒜末、葱段，大火爆香，倒入猪肝，炒至转色，倒入花菜，淋上料酒炒香，加盐、鸡粉、生抽调味，入水淀粉炒匀即可。

丝瓜虾皮猪肝汤

原料：
丝瓜90克，猪肝85克，虾皮12克

调料：
盐3克，鸡粉3克，水淀粉2毫升，食用油适量，姜丝、葱花各少许

做法：①丝瓜洗净，去皮，切片；猪肝洗净，切片，装碗，加盐、鸡粉、水淀粉、食用油腌渍入味。
②锅中注油烧热，爆香姜丝，放入虾皮炒香，注水煮沸，倒入丝瓜，加盐、鸡粉拌匀后放入猪肝，搅散，续用大火煮沸。
③将锅中汤料盛出装碗，撒葱花即可。

鹅肉

补脑原理

鹅肉不仅脂肪含量低，而且品质好，不饱和脂肪酸的含量高，还含有人体生长发育所必需的氨基酸。同时，鹅肉含有的蛋白质，全价蛋白质、优质蛋白质，对胎宝宝的身体和大脑的发育都是非常有益的。

小炒仔鹅

原料：
鹅胸肉350克，香芹段50克，蒜苗段、朝天椒圈各少许

调料：
盐5克，味精2克，生抽、料酒各10毫升，食用油35毫升，淀粉适量

做法：①鹅胸肉洗净，切成肉丁，放碗中，加入料酒、盐、味精、生抽抓匀，再腌渍10分钟。
②锅置火上，加油烧热，入肉丁爆香，入料酒、朝天椒圈、蒜苗段，炒出香辣味，加盐、味精调味，倒入香芹段，淋生抽，翻炒熟，用水淀粉勾芡入味即可。

腐竹烧鹅

原料：
鹅肉200克，泡发腐竹30克，胡萝卜片少许

调料：
盐3克，水淀粉10毫升，姜片、葱段、味精、白糖、料酒、蚝油、老抽、食用油各适量

做法：①鹅肉洗净，斩块；腐竹洗净，入油锅炸至金黄色，捞出切成段。
②另起锅，注油烧热，倒入鹅肉，翻炒至断生，倒入姜片、葱段、料酒、清水，焖煮片刻，倒腐竹炒匀，加盐、味精、白糖、蚝油、老抽调味，入胡萝卜片拌炒，用水淀粉勾芡，撒入葱段，炒匀即可。

鸡蛋

补脑原理

鸡蛋中的蛋白质含有的氨基酸比例很适合人体生理需要，易为机体吸收，利用率高达98%以上，营养价值很高。同时，蛋黄中含有丰富的卵磷脂、蛋黄素以及钙、磷、铁等矿物质元素，对增进神经系统功能大有裨益，是较好的健脑食品。

豌豆苗鸡蛋汤

原料：

豌豆苗200克，鸡蛋1个

调料：

盐3克，鸡粉2克，胡椒粉、食用油各适量

做法：①鸡蛋打入碗中，打散、调匀；豌豆苗洗净，备用。

②锅中加水烧开，倒入少许食用油、适量盐、鸡粉、胡椒粉。

③放入洗好的豌豆苗，煮至熟软，倒入鸡蛋液，煮至汤中浮起蛋花即可。

西葫芦炒鸡蛋

原料：

鸡蛋2个，西葫芦120克

调料：

盐2克，鸡粉2克，水淀粉3毫升，食用油适量，葱花少许

做法：①西葫芦洗净，切片；鸡蛋加盐、鸡粉打散、调匀。

②锅注水烧开，放盐、食用油、西葫芦搅匀，煮1分钟捞出。

③锅注油烧热，倒入蛋液炒熟，倒入西葫芦炒均匀，加入盐、鸡粉调味。

④倒入适量水淀粉勾芡，放入葱花炒均匀即可。

鸭蛋

补脑原理

鸭蛋富含蛋白质，还含有钙、磷、铁、钾、钠、氯等多种营养成分，可维持体内蛋白质的代谢平衡，并且有助于促进大脑的发育、健全，能起到健脑益智、提高记忆力的作用。

葱花炒鸭蛋

原料：

鸭蛋2个，葱花少许

调料：

盐2克，鸡粉、水淀粉、食用油各适量

做法： ①鸭蛋打入碗中，加盐、鸡粉、水淀粉，打散搅匀，再放入葱花拌匀，制成蛋液。

②油锅烧热，倒入蛋液炒匀，翻炒至食材熟透。

③关火后盛出炒好的鸭蛋即可。

嫩姜炒鸭蛋

原料：

嫩姜90克，鸭蛋2个

调料：

盐4克，鸡粉2克，水淀粉4毫升，食用油少许，葱花少许

做法： ①嫩姜洗净，切细丝；把姜丝装入碗中，加盐抓匀，腌渍10分钟。

②腌好的姜丝入清水中，洗去多余盐分。

③鸭蛋打入碗中，放入葱花，加入适量鸡粉、盐、水淀粉用筷子打散搅匀。

④炒锅注油烧热，倒入腌好的姜丝，炒至姜丝变软，倒入搅拌好的蛋液快速翻炒至熟透，盛出炒好的鸭蛋，装入盘中即可。

鹌鹑蛋

补脑原理

鹌鹑蛋被认为是“动物中的人参”，为滋补佳品。鹌鹑蛋的营养价值不亚于鸡蛋，含有丰富的蛋白质、脑磷脂、卵磷脂以及铁、磷、钙等矿物质元素，能起到益气补血、补脑健脑、增进智力发育的作用。

苋菜豆腐鹌鹑蛋汤

原料：
熟鹌鹑蛋180克，豆腐150克，苋菜100克

调料：
盐2克，芝麻油、食用油各适量，姜片、葱花各少许

做法：①豆腐洗净，切成小方块；苋菜洗好，切成小段；
②锅中加水烧开，放入食用油，撒上姜片，加入盐、豆腐块，用大火煮片刻，放入去壳的熟鹌鹑蛋、苋菜，搅拌片刻。
③淋入少许芝麻油，搅匀，续煮片刻，至食材熟软、入味。
④关火后盛出煮好的蛋汤，撒葱花即可。

鹌鹑蛋烧板栗

原料：
熟鹌鹑蛋120克，胡萝卜80克，板栗仁70克，红枣15克

调料：
盐、鸡粉各2克，生抽5毫升，生粉15克，水淀粉、食用油各适量

做法：①鹌鹑蛋加生抽、生粉拌匀；胡萝卜去皮洗净，切块；板栗仁切块。
②锅注油烧热，下鹌鹑蛋炸至起虎皮，倒入板栗炸干水分，捞出。
③用油起锅注水，倒入红枣、胡萝卜、炸过的食材拌匀，加入盐、鸡粉，煮沸后用小火焖煮约15分钟，用水淀粉勾芡即可。

鲈鱼

补脑原理

鲈鱼含有蛋白质、脂肪、碳水化合物等营养成分，还含有磷、铁、铜等矿物质元素，能维持人体神经系统的正常功能，并参与多种物质的代谢，适当食用，有助于促进大脑发育健全，起到健脑益智、提高记忆力的作用。

白灼鲜鲈鱼

原料：

鲈鱼400克

调料：

盐10克，鸡粉6克，蒸鱼豉油15克，料酒5毫升，食用油适量，姜丝、葱丝各少许

做法：①鲈鱼洗净；锅中注加水烧开，放入适量盐、鸡粉、料酒、鲈鱼，盖上锅盖，用小火煮至鲈鱼熟透。

②揭盖，把鲈鱼盛出装入盘中，将葱丝、姜丝放在鱼身上。

③炒锅注油烧热，把热油浇在鱼身上。

④锅留底油，倒少许清水，煮沸后加入蒸鱼豉油，拌匀，将豉油汁浇入盘内即可。

绣球鲈鱼

原料：

鲈鱼350克，胡萝卜60克，油菜30克，芹菜25克，鸡蛋1个

调料：

盐、鸡粉、料酒、水淀粉、葱丝各适量

做法：①油菜、芹菜均洗净，切丝，焯水；胡萝卜去皮，洗净，切丝，焯水；鸡蛋打散，煎成蛋皮，切细丝。

②鲈鱼肉处理好，切丝，加盐、料酒、鸡粉、水淀粉、葱丝拌匀，倒焯水的食材、蛋皮拌匀腌渍，制成肉丸，摆盘，蒸熟。

③炒锅内倒高汤，加盐、鸡粉，转大火，用淀粉勾芡，收汁，浇在鲈鱼上即可。

草鱼

补脑原理

草鱼中含有丰富的不饱和脂肪酸，对人体的血液循环非常有利。同时，草鱼中还含有优质的蛋白质以及铁、磷、钙、铜等矿物质元素，能促进人体对铁元素的吸收，帮助补充大脑能量，是补脑、益智的极佳食品。

啤酒炖草鱼

原料：
草鱼块350克，啤酒200毫升

调料：
盐3克，鸡粉2克，料酒、食用油各适量，姜片、蒜末、葱段各少许

做法：①将草鱼加盐、料酒拌匀，腌渍约10分钟，去除鱼腥味。
②用油起锅，倒入姜片爆香，放鱼块小火煎至发出香味。
③加蒜末、啤酒、盐、鸡粉拌匀。
④盖盖，煮沸后用小火煮约5分钟盛出，撒葱段即可。

黄花菜蒸草鱼

原料：
草鱼肉400克，水发黄花菜200克，红枣20克

调料：
盐3克，鸡粉2克，蚝油6克，生粉15克，料酒7毫升，蒸鱼豉油15毫升，芝麻油、食用油各适量，枸杞、姜丝、葱丝各少许

做法：①红枣洗净，切小块；黄花菜洗净，去蒂；草鱼肉洗净，切块，装碗，加姜丝、枸杞、红枣、黄花菜、少许料酒拌匀，加鸡粉、盐、蚝油、蒸鱼豉油、生粉、芝麻油，拌匀，腌至其入味。
②腌好的材料装盘，蒸熟，撒葱丝即可。

黄豆

补脑原理

黄豆的营养全面，其中蛋白质的含量是鸡蛋含量的2.5倍，而且质优，容易被人体消化、吸收。同时，黄豆中的大豆脂肪含有很多不饱和脂肪酸，还含有铜、铁、锌、碘、钼等微量元素，是补脑、益智的佳品。

胡萝卜拌黄豆

原料：

胡萝卜100克，水发黄豆250克

调料：

盐5克，鸡粉1克，生抽4毫升，辣椒油3毫升，芝麻油1毫升，食用油适量，蒜末、葱花各少许

做法：①胡萝卜去皮，洗净，切丁。

②锅中加水烧开，倒入洗净的黄豆，加盐，小火焖15分钟至熟软。

③加入胡萝卜丁，再煮2分钟至熟，捞出，装碗。

④往碗中加蒜末、葱花、盐、鸡粉，淋生抽、辣椒油、芝麻油调味，盛出即可。

海带烧黄豆

原料：

水发海带300克，水发黄豆350克

调料：

盐3克，鸡粉2克，生抽5毫升，蚝油10毫升，水淀粉、食用油各适量，姜片、蒜末、葱白各少许

做法：①将海带洗净，切小块。

②将海带、黄豆均焯水后捞出，晾凉。

③将姜片、蒜末、葱白入油锅爆香，倒入海带、黄豆炒匀，加盐、鸡粉调味，注入清水，加蚝油、生抽，小火焖15分钟，再用大火收汁，勾芡即可。

黑豆

补脑原理

黑豆中含有丰富的蛋白质、不饱和脂肪酸、磷脂以及钙、磷、铁、钾、钠等矿物质元素，还含有大豆异黄酮、皂苷、蛋黄素等，能满足大脑的需求，降低血液黏稠度，起到健脑益智的作用。

鲫鱼黑豆汤

原料：

鲫鱼400克，水发黑豆200克

调料：

盐、鸡粉各少许，米酒5毫升，食用油适量，姜片20克

做法：①黑豆、鲫鱼洗净；用油起锅，下入姜片，大火爆香，放入收拾干净的鲫鱼，小火煎至两面断生，淋少许米酒，注入清水，加盖，大火煮沸。

②关火后揭盖，将锅中汤料转入砂锅，置于火上，放入洗净的黑豆，盖上盖子，烧开后用小火煮约20分钟。

③揭盖，加盐、鸡粉调味，盛出装盘。

黑豆莲藕鸡汤

原料：

水发黑豆100克，鸡肉300克，莲藕180克

调料：

盐、鸡粉各少许，料酒5毫升，姜片少许

做法：①将莲藕洗净，去皮，切丁；鸡肉洗净，斩块，汆水。

②往砂锅中注入适量清水烧开，放入姜片，倒入鸡块、莲藕以及洗净的黑豆，淋少许料酒，加盖，大火煮沸后用小火炖煮约40分钟，至食材熟透。

③揭盖，加盐、鸡粉调味，续煮至食材入味，关火盛出即可。

芝麻

补脑原理

芝麻中含有大量的脂肪、蛋白质、碳水化合物，还含有卵磷脂、亚油酸以及钙、铁、镁等矿物质元素，能促进体内的血液循环，具有养血的功效，还能促进大脑健全发育，起到健脑益智的作用。

黑豆芝麻豆浆

原料：

水发黑豆110克，水发花生米100克，黑芝麻20克

调料：

白糖20克

做法： ①将黑豆、花生米、黑芝麻洗净；取榨汁机，加水，放入花生米、黑芝麻、黑豆，加盖，通电后选择“榨汁”功能，榨取豆浆。

②撒白糖拌匀即可。

芝麻莴笋

原料：

莴笋200克，白芝麻10克

调料：

盐3克，鸡粉4克，蚝油5克，水淀粉、食用油各适量，蒜末、葱白各少许

做法： ①莴笋去皮，洗净，切斜刀片。

②白芝麻入锅炒香，盛出，装碗。

③锅中注水烧开，放入少许盐、鸡粉，倒入莴笋拌匀，焯煮90秒至断生，捞出。

④用油起锅，放入蒜末、葱白爆香，倒入莴笋，加盐、鸡粉、蚝油调味。

⑤淋水淀粉勾芡，盛出，撒白芝麻即可。

榛子

补脑原理

榛子中含有人体必需的8种氨基酸及多种微量元素和矿物质，其含量是其他坚果的数倍至几十倍，还含有丰富的不饱和脂肪酸，可促进胆固醇的代谢、软化血管，也能起到提高记忆力的作用。

榛子小米粥

原料：

榛子仁45克，水发小米100克，水发大米150克

做法：①将小米、大米洗净；榛子仁放入杵臼中，研磨成碎末，倒入盘中，备用。

②往砂锅中注入适量清水烧开，倒入洗净的大米、小米拌匀，盖上盖，小火煮40分钟至米粒熟透。

③揭开锅盖，搅拌片刻，即可装碗，撒上榛子碎末即可。

杏仁榛子豆浆

原料：

榛子仁8克，杏仁8克，水发黄豆50克

做法：①将已浸泡8小时的黄豆倒入碗中，注入适量清水，搓洗干净，沥干水分；榛子仁、杏仁洗净。

②将洗净的杏仁、榛子仁、黄豆倒入豆浆机中，加水至水位线。

③盖上豆浆机机头，选择“五谷”程序，再选择“开始”键，运转约15分钟，即成豆浆。

④将豆浆机断电，取下机头，滤取豆浆，倒入碗中即可。

麦片

补脑原理

从营养价值来看，纯麦片相比其他类麦片都要高，因为只是简单地将燕麦压制成麦片，营养成分保留得较为全面，含有各种优质矿物质和维生素，能为大脑运转提供能量，并提高智力。

果味麦片粥

原料：

猕猴桃40克，圣女果35克，燕麦片70克，牛奶150毫升，葡萄干30克

做法：①将圣女果洗净，切丁；猕猴桃去皮，洗净，切丁。

②汤锅中加水烧热，放入葡萄干，盖上盖，大火烧开后煮3分钟。

③揭盖，倒入牛奶，放入燕麦片拌匀，小火煮5分钟至稠。

④倒入部分猕猴桃拌匀，盛出装碗，再放入圣女果和剩余的猕猴桃即可。

紫薯麦片粥

原料：

紫薯120克，燕麦80克，大米100克

做法：①将紫薯洗净，去皮，切丁；大米、燕麦洗净。

②往砂锅中注入适量清水烧开，倒入洗净的大米搅散，放入燕麦拌匀，盖上盖，小火煮30分钟至熟软。

③揭盖，倒入紫薯拌匀，加盖，小火续煮15分钟至熟透。

④关火后把煮好的粥盛出，装入汤碗中稍凉即可食用。

燕窝

补脑原理

燕窝内含有丰富的水溶性蛋白质、碳水化合物、钙、磷、铁、钠、钾及燕窝酸、赖氨酸、胱氨酸和精氨酸等多种人类必需的营养素。其丰富的燕窝酸，对胎宝宝的大脑发育有促进作用，可活跃思维，提升记忆力。

银鱼鲜奶炒燕窝

原料：

银鱼干35克，牛奶75毫升，鸡蛋清65克，蛋黄25克，水发燕窝30克

调料：

盐2克，生粉、食用油各适量

做法：①银鱼干装碗，倒入蛋黄、生粉拌匀；另取一碗，放生粉、牛奶拌匀。

②取一大碗，倒入余下的牛奶、蛋清，放入拌好的生粉，加盐，搅拌匀。

③热锅注入适量食用油，烧热，放入银鱼干炸至金黄色。

④锅底留油烧热，倒入拌好的蛋清，炒匀，倒入银鱼干、燕窝炒香即可。

燕窝莲子羹

原料：

莲子30克，燕窝15克，银耳40克

调料：

冰糖20克，水淀粉适量

做法：①银耳洗净，切除黄色部分，再切成小块。

②往锅中注水烧开，放入莲子、银耳，焯煮至食材熟软。

③揭盖，放入泡发的燕窝，煮至食材融合，边搅拌边加水淀粉，煮至黏稠。

④放入冰糖，搅拌至溶化，盛出，装入碗中即可。

鲍鱼

补脑原理

鲍鱼含有丰富的蛋白质和二十种氨基酸，还含有较多的钙、铁、碘和维生素A等营养元素，鲍鱼的营养是核桃的7倍，能满足胎宝宝生长发育所需的营养，有效促进胎宝宝的脑部发育。

鲜虾烧鲍鱼

原料：

基围虾180克，鲍鱼肉200克，西蓝花100克

调料：

海鲜酱25克，盐3克，蚝油6克，料酒8毫升，蒸鱼豉油、水淀粉、食用油各适量，姜片少许

做法：①鲍鱼肉入清水中浸泡。

②将鲍鱼肉、基围虾分别入沸水锅中，汆煮断生后捞出；西蓝花入沸水锅中焯煮。

③砂锅注油烧热，入姜片爆香，加海鲜酱、鲍鱼肉炒匀，加清水、料酒、蒸鱼豉油，煮约1小时，倒基围虾，加蚝油、盐煮熟，用水淀粉勾芡，盛出，点缀西蓝花。

鲍鱼口蘑猪骨汤

原料：

猪骨块150克，口蘑45克，鲍鱼肉30克

调料：

盐、鸡粉各2克，料酒、胡椒粉各适量，姜片、葱花各少许

做法：①口蘑洗净，去根，切薄片；鲍鱼肉洗净，切网格花刀。

②猪骨块入沸水锅中，汆去血水。

③往砂锅中注水烧热，入姜片、猪骨、鲍鱼肉、料酒，煮至熟透。

④放入口蘑，煮约20分钟，加鸡粉、盐、胡椒粉调味，关火盛出，撒上适量葱花即可。

牛奶

补脑原理

牛奶中含有的矿物质元素非常丰富，包括钙、磷、铁、锌、铜、锰、钼等，尤其钙磷比例非常适当。同时，还富含蛋白质、乳糖等，是不可或缺的补脑食品，具有健脑益智的作用。

香蕉蜂蜜牛奶

原料：

香蕉1根，牛奶60毫升

调料：

蜂蜜少许

做法：①将香蕉去除果皮，切小块，装盘。

②往砂锅中注入适量清水烧开，倒入香蕉拌匀，煮至沸。

③注入适量牛奶，加入少许蜂蜜，拌匀，略煮片刻，至完全溶化。

④关火后盛出煮好的牛奶甜汤即可。

鹌鹑蛋牛奶

原料：

熟鹌鹑蛋100克，牛奶80毫升

调料：

白糖5克

做法：①将熟鹌鹑蛋去壳，对半切开，备用。

②往砂锅中注入适量清水烧开，倒入牛奶，放入鹌鹑蛋，搅拌片刻。

③盖上锅盖，烧开后用小火煮约1分钟。

④揭盖，加少许白糖搅匀，煮至溶化。

⑤关火后盛出煮好的汤料，装入碗中，稍凉即可。

樱桃

补脑原理

樱桃的含铁量高，每百克樱桃中含铁多达5.9毫克，位于众水果之首。而铁是合成人体血红蛋白、肌红蛋白的原料，同时也与大脑及神经功能、衰老过程等有着密切关系。常食樱桃可补充体内对铁元素的需求，起到健脑益智的作用。

樱桃雪梨汤

原料：

雪梨40克，樱桃30克

调料：

冰糖适量

做法：①将雪梨洗净，切成块；樱桃清洗干净。

②往锅中注入适量的清水烧开，将雪梨、樱桃倒入锅中，搅拌均匀，盖上锅盖，烧开后转小火煮20分钟至食材酥软。

③揭开盖，倒入冰糖，搅拌片刻，煮至冰糖溶化，使食材入味。

④将煮好的汤水盛出，装入碗中，待稍微放凉即可饮用。

樱桃香蕉

原料：

香蕉120克，樱桃50克，酸奶80克

做法：①将香蕉去皮，取果肉，切成段；樱桃清洗干净，备用。

②取一个干净的水晶托盘，倒入酸奶。

③放入香蕉，最后点缀上樱桃即可。

柚子

补脑原理

柚子的营养丰富，药用价值很高，含有丰富的维生素C、叶酸、蛋白质、膳食纤维、碳水化合物等营养成分，可降低血液的黏稠度，对促进体内的血液循环非常有利，同时还能促进大脑发育，起到健脑益智的作用。

蜜柚豆浆

原料：
水发黄豆50克，柚子肉40克

做法：①将已经浸泡8小时的黄豆倒入碗中，注入适量清水，搓洗干净，沥干水分，待用。
②将黄豆、柚子肉倒入豆浆机中，注入适量清水，至水位线即可。
③盖上豆浆机机头，选择“五谷”程序，再选择“开始”键，运转约15分钟，即成豆浆。
④将豆浆机断电，取下机头，把煮好的豆浆倒入滤网，滤取豆浆，倒入杯中即可。

柚皮茶

原料：
柚子皮60克

做法：①将柚子皮洗净，切块，去除白瓤，改切成丝。
②往砂锅中注入适量清水烧开，放入柚子皮，搅匀，盖上盖，用小火煮15分钟，至茶水呈微黄色。
③揭开盖，略微搅动片刻。
④把煮好的柚皮茶盛出，装入碗中即可。

石榴

补脑原理

石榴营养丰富，其维生素C含量比苹果、梨要高得多，还含有大量有机酸、碳水化合物、蛋白质、维生素以及钙、磷、钾等矿物质元素，可为胎宝宝大脑发育提供充足能量，起到健脑益智作用。

石榴火龙果盅

原料：

石榴200克，火龙果300克，酸奶120毫升

做法：①将火龙果洗净，平放，沿三分之一处剖开，用小勺掏取果肉，制成火龙果盅。

②将石榴剖开，取出石榴果肉，洗净。

③把火龙果果肉和石榴果肉放入火龙果盅内，倒入备好的酸奶即可。

石榴汁

原料：

石榴果肉150克

调料：

蜂蜜少许

做法：①取榨汁机，选择搅拌刀座组合，倒入备好的石榴肉。

②注入适量清水，盖好盖子。

③选择“榨汁”键，榨取果汁。

④断电后倒出石榴汁，装入杯中，再调入蜂蜜，拌匀即可。

哈密瓜

补脑原理

哈密瓜有"瓜中之王"的美称，含糖量在15%左右，具有很高的营养价值，其铁的含量比鸡肉、牛肉要高得多，还含有丰富的蛋白质，可增强人体的造血功能，促进生长发育，还可补脑益智。

哈密瓜雪梨酸奶杯

原料:

雪梨130克，哈密瓜160克，酸奶120毫升

做法: ①将哈密瓜去皮、瓤，洗净，切块。

②将雪梨洗净，去皮、核，切成块。

③将切好的水果装入碗中，摆放好。

④均匀地淋上适量酸奶即可。

哈密瓜奶昔

原料:

哈密瓜180克，牛奶350毫升，奶油35克

做法: ①将哈密瓜去皮、瓤，洗净，切小块。

②取榨汁机，选择搅拌刀座组合，倒入哈密瓜、奶油，再注入牛奶。

③盖上盖，选择"榨汁"功能，搅打约30秒，榨取汁水。

④断电后倒出榨好的奶昔即可。

橙子

补脑原理

橙子是维生素C的主要供应来源，也能提供相当数量的钾、钙、铁等矿物质，在柑橘类中所含的抗氧化物质最高，能为大脑提供更多能量，有助于健脑益智。

橙子汁

原料：

橙子200克

原料：

蜂蜜适量

做法：①将橙子去皮，取肉，切成均匀的小块。

②取出备好的榨汁机，倒入橙子。

③注入适量的纯净水，盖好盖子，启动榨汁机，约搅打30秒即可（视搅打程度而定）。

④倒出新鲜的橙汁，装入干净的杯子中，即可饮用，加少许蜂蜜或冷藏后口味更佳。

盐蒸橙子

原料：

橙子160克

调料：

盐少许

做法：①将橙子切去顶部，洗净，在果肉上插数个小孔，撒上少许盐，静置约5分钟。

②蒸锅上火烧开，放入橙子，盖上盖，用中火蒸约8分钟至橙子熟透。

③揭开盖，取出蒸好的橙子，放凉后切成小块。

④取出果肉，装入小碗中，淋入蒸碗中的汤水即可。

益智胎教

语言胎教

★什么是语言胎教

语言胎教，即准妈妈或家人用语言有目的地对子宫中的胎宝宝讲话，给胎宝宝的大脑新皮质输入最初的语言印记，为后天的学习打下基础。

事实证明，爸爸妈妈经常与胎宝宝对话，能促进其出生后语言方面的良好发展，可为宝宝后天学习打好基础。

语言胎教时一定要体现形象性和语言美，只有形象、声音、情感三者统一，语言才能生动，母亲才能感到语言胎教的有趣和快乐，胎宝宝才能感觉到美好的信息，胎宝宝的心灵才能留下美好的痕迹。

★阅读胎教法

阅读胎教实施月份

怀孕第8个月直至生产前，是施行阅读胎教的最佳时机。

医学研究发现，胎宝宝的意识萌芽大约发生在怀孕第7~8个月，此时胎宝宝的脑神经已经发育到几乎与新生儿相当的水平，一旦捕捉到外界的讯息，就会通过神经管将它传达到胎宝宝身体的各个部位。此时，胎宝宝脑外层的脑皮质也很发达，因此可以推断胎宝宝具有思考、感受、记忆事物的可能性。

阅读胎教练习方式

选一则你认为读来非常有意思，也能够感到身心愉悦的儿童故事、童谣、童诗，将作品中的人、事、物详细且清楚地描述出来，例如太阳的颜色、家的形状、主人公穿的衣服等，让胎宝宝融入到故事描绘的世界中。故事主题要避免过于暴力或太过激情、悲伤，选定故事内容之后，要设定每天的“说故事时间”，最好是夫妇二人每天各念一次给胎宝宝听，借讲故事的机会，与胎宝宝沟通、互动。

注意事项

①为了让准妈妈的感觉与思考能和胎宝宝达到最充分的交流，最好在讲故事时保持平静的心境并保持注意力的集中。

②在念故事前，最好先将故事的内容在脑海中形成影像，以便更生动地传达给胎宝宝。

③如果没有太多的时间，只能匆匆地念故事给胎宝宝听，至少也要选择一页带有图画的，尽量将书画上的内容“视觉化”地传达给胎宝宝。“视觉化”就是指将鲜明的图画、单字、影像印在脑海中的行为。研究发现，每天进行“视觉化”的行为，会逐渐增强准妈妈将讯息传达给胎宝宝的能力。

④在选择胎教书籍时，不要有先入为主的观念，自以为宝宝会喜欢哪些书籍，而应尽量广泛阅读各类书籍。

★品诗歌：《金色花》

《金色花》出自印度著名诗人泰戈尔。它告诉我们，天真可爱的孩子，有着花一般的外表，也有温馨袭人的香味，调皮却又无邪。妈妈对于宝宝的爱都是伟大而无私的，宝宝对于妈妈的爱和回报也是在时时刻刻进行着的。如果小宝宝的世界里到处都是爱和美好，那么，爸爸和妈妈也一定会获得新奇而美丽的“回报”。宝宝来到这个世界以后，就像这首诗里的小孩子一样，聪明活泼，就像是妈妈世界里的金色的花朵。

假如我变成了一朵金色花，只是为了好玩，长在那棵树的高枝上，笑哈哈地在风中摇摆，又在新

生的树叶上跳舞，妈妈，你会认识我吗？

你要是叫道：“孩子，你在哪里呀？”我暗暗地在那里匿笑，却一声儿不响。我要悄悄地开放花瓣儿，看着你工作。

当你沐浴后，湿发披在两肩，穿过金色花的林荫道，走到你做祷告的小庭院时，你会嗅到这花的香气，却不知道这香气是从我的身上来的。

当你吃过午饭，坐在窗前读《罗摩衍那》，那棵树的阴影落在你的头发与膝上时，我便要将我小小的影子投在你的书页上，正投在你所读的地方。

但是你能猜得出来，这就是你的小孩子的小影子吗？

当你黄昏时拿了灯到牛棚里去，我便要突然地再落到地上来，又成了你的孩子，求你讲个故事给我听。

“你到哪里去了，你这坏孩子？”

“我不告诉你，妈妈。”这就是你同我那时所要说的话了。

妈妈想说

亲爱的宝宝，妈妈对你的爱就像是一首诗，是长长的一生中，怎么读也读不完的，如果你以后长大了，有了烦恼和忧愁，记得要让亲爱的妈妈和你一起分享。

★品读散文《仙人世界》

《仙人世界》的作者是印度著名诗人泰戈尔。它是以一个孩子的角度来看世界，通过塑造的传说中的皇后、公主等形象，写出在自己的心目中，自己的母亲就像这些仙人一般地美丽动人。全诗充满了童心童趣以及对母亲深挚的爱。

如果人们知道了我的国王的宫殿在哪里，它就会消失在空气中。

墙壁是白色的银，屋顶是耀眼的黄金。

皇后住在有七个庭院的宫苑里；她戴的一串珠宝，值整整七个王国的全部财富。

不过，让我悄悄地告诉你，妈妈，我的国王的宫殿究竟在哪里。

它就在我们阳台的角上，在那栽着杜尔茜花的花盆放着的地方。

公主躺在远远的隔着七个不可逾越的重洋的那一岸沉睡着。

除了我自己，世界上便没有人能够找到她。

她臂上有镯子，她耳上挂着珍珠；她的头发拖到地板上。

当我用我的魔杖点触她的时候，她就会醒过来，而当它微笑时，珠玉将会从她唇边落下来。

不过，让我在你的耳朵边悄悄地告诉你：妈妈，她就住在我们阳台的角上，在那栽着杜尔茜花的花盆放着的地方。

当你要到河里洗澡的时候，你走上屋顶的那座阳台来吧。

我就坐在墙的阴影所聚会的一个角落里。

我只让小猫儿跟我在一起，因为它知道那故事里的理发匠住的地方。

不过，让我在你的耳朵边悄悄地告诉你，那故事里的理发匠到底住在哪里。

他住的地方，就在阳台的角上，在那栽着杜尔茜花的花盆放着的地方。

妈妈想说

用孩子的口吻描绘出美丽景致，纯真可爱、想象力丰富的孩子形象就浮现在脑海中。亲爱的宝宝，妈妈希望你以后也是个聪明又富有想象力的孩子噢！

★讲故事：《小马过河》

《小马过河》是中国经典寓言故事，它告诉我们：做任何事情不能只听别人说，而要用自己的脑子去想一想，只有自己勇于去尝试才能知道事情的结果会怎么样。

小马和他的妈妈住在绿草茵茵的小河边，除了妈妈过河给河对岸的村子送粮食的时候，他总是跟随在妈妈的身边寸步不离。他过得很快乐，时光飞快地过去了。

有一天，妈妈把小马叫到身边说："小马，你已经长大了，可以帮妈妈做事了。今天你把这袋粮食送到河对岸的村子里去吧。"小马非常高兴地答应了。他驮着粮食飞快地来到了小河边，可是河上没有桥，只能自己过河去，可又不知道河水有多深。犹豫中的小马一抬头，看见了正在不远处吃草的牛伯伯。小马赶紧跑过去问道："牛伯伯，您知道那河里的水深不深呀？"

牛伯伯挺起他那高大的身体说："不深，不深，才到我的小腿。"小马高兴地跑回河边准备过河。他刚一迈腿，忽然听见一个声音说："小马，小马，别下去，这河里的水可深啦！"小马低头一看，原来是小松鼠。小松鼠翘着她漂亮的尾巴，睁着圆圆的眼睛，很认真地说："前两天我的一个小伙伴不小心掉进了河里，河水就把他卷走了。"小马一听没主意了。牛伯伯说河水浅，小松鼠说河水深，这可怎么办啊？只好回去问妈妈。

小马的妈妈老远就看见小马低着头、驮着粮食又回来了，心想他一定是遇到困难了，就迎过去问小马。小马哭着把牛伯伯和小松鼠的话告诉了妈妈。妈妈安慰小马说："没关系，咱们一起去看看吧。"小马和妈妈一起来到了河边，妈妈这回让小马自己去试探一下河水有多深。小马小心地试探着，一步一步地过了河。噢！他明白了：河水既没有牛伯伯说得那么浅，也没有小松鼠说得那么深，只有自己亲自试过才知道。小马深情地向妈妈望了一眼，心里说："谢谢你了，好妈妈。"

妈妈想说

亲爱的孩子，现在你和妈妈这样贴近，你能感受到安全，可是总有一天你会长大，如果那时候你恰好是一个人，妈妈希望你能勇敢尝试各种开始。

★品散文《绿》

《绿》是朱自清先生早期的游记散文《温州的踪迹》里的一篇，作于1924年2月8日，是一篇贮满诗意的美文。文章取题为《绿》，用“绿”自然地将全文勾连在一起。本文不仅形象地描绘了梅雨潭“奇异”“醉人”的绿，且字里行间都洋溢着一种浓郁的诗味。不仅具有诗的构思，诗的结构，更有诗的情感，诗的意境，诗的语言，可以说做到了以诗为文，文中有诗。

这平铺着，厚积着的绿，着实可爱。她松松的皱缬着，像少妇拖着的裙幅；她轻轻的摆弄着，像跳动的初恋的处女的心；她滑滑的明亮着，像涂了“明油”一般，有鸡蛋清那样软，那样嫩，令人想着所曾触过的最嫩的皮肤；她又不杂些儿法滓，宛然一块温润的碧玉，只清清的一色——但你却看不透她！

我曾见过北京什刹海拂地的绿杨，脱不了鹅黄的底子，似乎太淡了。我又曾见过杭州虎跑寺旁高峻而深密的“绿壁”，重叠着无穷的碧草与绿叶的，那又似乎太浓了。其余呢，西湖的波太明了，秦淮河的又太暗了。

可爱的，我将什么来比拟你呢？我怎么比拟得出呢？大约潭是很深的、故能蕴蓄着这样奇异的绿；仿佛蔚蓝的天融了一块在里面似的，这才这般的鲜润呀。——那醉人的绿呀！我若能裁你以为带，我将赠给那轻盈的舞女；她必能临风飘举了。我若能挹你以为眼，我将赠给那善歌的盲妹；她必明眸善睐了。我舍不得你；我怎舍得你呢？我用手拍着你，抚摩着你，如同一个十二三岁的小姑娘。我又掬你入口，便是吻着她了。我送你一个名字，我从此叫你“女儿绿”，好么？

妈妈想说

宝宝，只要有善于发现美的眼睛，你会发现身边处处都有美丽的风景。春天的绿草地最是让人觉得可爱了，这毛茸茸、清丽的绿总是能触动内心最柔软的地方。

美学胎教

★什么是美学胎教

美学胎教以胎宝宝意识存在为前提，通过准妈妈对美的感受，将美的意识传递给胎宝宝的胎教方法。主要包括音乐美学、形体美学和自然美学三种。

音乐美学是通过准妈妈欣赏音乐的心理和生理两种途径，达到对胎宝宝音乐胎教的目的。心理上，准妈妈通过音乐使心情愉快、心旷神怡，从而使情绪达到最佳状态，并将这一信息传递给腹中胎宝宝，使其安静下来，感受到这个世界的美妙；生理上，动人的音乐能激起准妈妈植物神经系统的活动，使体内分泌多种激素，这些激素经过血液循环进入胎盘，使胎盘的血液成分发生变化，有利于胎宝宝健康的化学成分增多，从而激发胎宝宝大脑及各系统的功能活动。

形体美学是培养准妈妈养成优雅气质、高雅情调。首先，准妈妈应该具备一定的内在美，如举止文雅、有道德修养等。其次，准妈妈应具有一定的审美眼光，不仅要着装得体、精神焕发，还要懂得自我欣赏价值的提升，从而使胎宝宝在母体内受到美的熏陶，获得初步的审美观。

自然美学是准妈妈通过感受大自然的怡人风光，并将这一感受传递给腹中胎宝宝，使胎宝宝也间接受到大自然的熏陶。准妈妈应该经常走入大自然，去呼吸新鲜空气，欣赏更多自然美景，使自己保持心情愉悦的同时，也能进一步促进胎宝宝大脑神经和细胞的发育。

★名画赏析《草地上的圣母》

今天欣赏的这幅画，是拉斐尔·圣齐奥的作品。拉斐尔是意大利画家、建筑师，与列奥那多·达芬奇和米开朗基罗合称“文艺复兴艺术三杰”。他虽然是一个优秀的画家，但是为人谦虚，待人诚恳，一直很受欢迎，很早就成为了一个广受追捧的超级巨星和万人迷。

这副油画里的三个人物构成了一个等腰三角形，而圣母的头部则构成了三角形的顶端。圣母深红色的上衣和圆形的领口体现出拉斐尔作品的特点。两个孩子则是占据了画面的下部，稍稍偏左，圣母的左脚则侧向画面的右侧，弥补了前者造成的空间上的失衡。小圣约翰单膝跪地，手持十字仗，而小耶稣则是站着，右手拿着仗。

拉斐尔借助宗教主题表现现实与理想相结合的完美女性形象，以颂扬人性中的至善、至美。画面中的人物画得令人赞叹不已，圣母俯视着两个孩子，她的表情使人难以忘怀。这幅画具有意大利民间女性的魅力，有着人间最能感同身受的母爱情调。看着这幅画，应该早已激起了准妈妈心中的慈爱。

画家拉斐尔也是一个性格非常温和的人，有人说他幸福的童年对此有着不可磨灭的影响。所以，准妈妈对宝宝的童年也丝毫不能放松哦！

★欣赏风景图《日出时刻》

日出，代表着新生，孕育着希望。准妈妈所孕育的胎宝宝就如日出一样，在出生的那一刻，将会把他带来的幸福光辉洒向整个家庭。

阳光照耀的地方充满活力，潇洒的芦苇在水中点出圈圈涟漪，水中的蓝天流光溢彩。准妈妈看这幅日出时刻风景图，不仅可以拉近与宝宝之间的情感联系，同时也能让自己的心灵受到启迪，获得人生的感悟。

日出给人的感觉就像一句流传千古的箴言，能让人得到无尽的启迪，能让人充满向前拼搏的力量，能让准妈妈以更强的姿态去面对怀胎十月的辛苦。看着这颜色绚烂的日出，会联想到一座五光十色的宝塔，让人产生无尽的幻想，仿佛被激发出无尽的

欲望，希望登上那不为人知的宝塔之巅。

日出时刻，天边被染成了粉红色，水中倒映出太阳美丽的身影，两者相映成辉，妙趣横生。这红红的太阳，仿佛是宝宝粉嘟嘟的脸颊，让人着迷，舍不得转移视线。红红的日出，预示着美好的一天即将开始，也预示着可爱的宝宝即将健康地降临这个美好的世界。

看这幅日出时刻图，还能让人产生对时间的敬畏，从而去珍惜每一天的生活。朝阳如沙，每日的朝阳都如沙一般慢慢塌陷，却又在不经意间变成了头上的一轮红日，他所要告诉我们的不正是“光阴似箭、日月如梭”。

★欣赏儿童画《全家一起去郊游》

孩子的想象力总是能给大人以无限惊喜，因为他们的世界总是美好纯洁，而又充满欢乐。

看着这幅《全家一起去郊游》的儿童画，真是让人期待也能有这样的一次旅行呢！

蓝蓝的天空飘着雪白的云朵，金色的太阳照在大家脸上，五彩斑斓的房子前，爸爸妈妈牵着孩子们的手，带着家里的小狗，大家欢声笑语。弟弟攥着手里的气球，生怕一不小心就飞走了，小狗对着小主人“汪汪汪——”地叫，仿佛在说，“小主人，给我一个气球玩嘛。”姐姐看着路边的鲜花，忍不住摘了一朵，使劲嗅了一下，果真清香四溢呢！路边的花依旧盛放，大家的脸上也笑成了一朵花。

欣赏完这样一幅画，准妈妈是不是早已萌生了带宝宝出游的计划呢！带着孩子，带着狗，想一想也觉得心里很美吧。准妈妈不妨动动手，将看到这幅画时萌生的想法记下来，到时全家一起郊游吧！

★欣赏纪录片：《海洋》

片名：《海洋》

英文名：Oceans

片长：104分钟

导演：雅克·贝汉

海是人类生命的摇篮，见过海洋的人都会被大海之美所折服。无论是风平浪静时，海的柔情，抑或是惊涛骇浪时，海的激昂。其实海洋的美丽远不止于此，法国导演雅克·贝汉通过纪录片《海洋》全方位的向我们展示了海洋之美。

准妈妈在观看《海洋》的一百分钟里，会轻而易举的进入到海洋的世界，海的唯美、海的灵动、海的柔软、海的深沉。各种姿态，穿过屏幕，透过眼球，传达至脑海，令人迟迟难以忘怀。

《海洋》的前半部分，以展示海洋生命的多彩绚丽为主，譬如那巨大的沙丁鱼群，在鲨鱼的追赶下，疏密有致的排列组合，迅速地变幻出各种形态的壮阔之美；又如那成千上万的海鸟，如箭雨般扎进海水中捕食的健硕之美；再如那成群结队的海狮，被鲨鱼追赶捕食而后为同伴的阵亡闭目哀歌的悲凉之美。

《海洋》的后半部分中，导演镜头一转，唯美和谐的海洋生态不复存在。在影片前段部分缔造的如梦如幻的奇妙世界，在人类伸出双手猎捕之时，就已支离破碎。

雅克·贝汉说："我拍摄的这些自然纪录片，本质上和政治片其实没什么不同，它没有说教，也没有对白，只是通过展现自然之美，让观众自己感受到教育。"

★民间艺术鉴赏：剪纸

剪纸是中国最古老的民间艺术之一，它犹如一颗长春藤，古老而长青。它以自己独特的形式存在，在审美和形式上极其符合民间对美的鉴赏。今天准妈妈和胎宝宝来一起欣赏一幅娃娃题材的剪纸画吧！

剪纸中有一个可爱的小女孩，穿着好看的花衣服，带着暖和的围巾和帽子，手上还提着荷花大灯笼呢，嘴角扬起的笑容，看起来应该是在庆祝新年吧！

看到这里准妈妈是不是也在想，等宝宝出生之后的第一个新年会是怎样的呢？宝宝会长成什么样子呢？如果心中充满了感想，不如提笔记下来吧！

准爸爸胎教

★什么是准爸爸胎教

宝宝是爸爸和妈妈爱情的结晶，所以胎宝宝的教育当然离不开爸爸了。准爸爸积极地参与到胎教中来，不仅可以减轻准妈妈的辛苦，还能让孩子提前感受到父爱，促进胎宝宝的智力发育。

★数一数宝宝的胎动

胎宝宝的活动其实早已被准妈妈感觉到了，胎动不仅代表着宝宝在子宫内的活跃性，也反应了胎宝宝的健康状况。现在，准爸爸就可以帮助准妈妈坚持每天数一数胎宝宝的胎动次数。

正常的胎动是1小时3~5次，或12小时的累积胎动为30~40次，说明胎宝宝的情况比较正常。如果1小时内胎动的次数少于3次或12小时累积胎动少于20次，则说明胎宝宝可能出现缺氧现象，此时准妈妈可采取左侧卧位，增加宝宝的供氧量。如果症状得不到缓解的话，应尽快去医院检查诊治。

那么，数胎动时要注意些什么？如何才能数得准？准爸爸可得好好学习一下了。

选好时间

在子宫内生活的时间久了，胎宝宝也形成了自己的习惯，有固定的休息和活动时间，当宝宝休息的时候，胎动的次数自然就减少了。所以数胎动最好是在饭后1~2个小时进行，此时胎宝宝的活动比较频繁。

保持安静

数胎动的时候，准妈妈最好处于安静的状态，不管是外部环境，还是内心状态。同时应采取左侧卧位，注意思想集中，确保胎动次数记录的准确性。

胎动次数的计算

若连续胎动或在同一时刻感到多处胎动，只能算作一次，得等胎动完全停止后，再接着计数。如果准妈妈咳嗽、活动等动作影响了产生的胎动，也不能算数，因为胎动是胎宝宝在妈妈肚子里的主动运动。

数胎动的过程中，准爸爸可一定要有耐心，仔细阅读好胎宝宝报平安的家书呢！

★给准妈妈进行腰背部按摩

准妈妈大腹便便，腰部的受力则越来越沉重，准爸爸要适当为准妈妈进行背腰部按摩。这不仅能让准妈妈减轻痛苦，感受到重视与疼爱，而且还能让胎宝宝也感受到愉快的心情，日后成为一个快乐的孩子。

准妈妈取坐位，上臂肘微弯曲平举，肘臂撑着固定物稳固躯体。

滚背揉肩

准爸爸一手扶住准妈妈肩部，保护准妈妈身体，另一只手取滚法，自两侧肩颈部，分别沿脊侧背肌滚揉至骶部，反复施术，以筋柔为度。重复以拇指腹着力于大椎，沿棘上和两侧分别由上至下，逐步揉至骶部。

掌揉背腰

准爸爸一手着肩固护躯体，另一手掌面着力，分别着力于中枢穴和两侧，由上至骶，反复揉推，以筋肉热透为宜。

准爸爸给准妈妈进行背腰部按摩，可帮助准妈妈解痉镇痛，缓解准妈妈的腰部疼痛，有助于益气安胎。

小贴士

准爸爸给准妈妈进行腰背部按摩时的操作要领：体位、手法准确，劲力轻柔，不失深透，上下有序按摩，腰骶部忌重力推按、揉压和扣压。

★妈咪最贴心的保健监护师

准妈妈怀孕七月，此时，准爸爸做好家庭监护就具有非常重要的意义了。准爸爸要像守卫公主的骑士一样，给予准妈妈最贴心的保护，尤其是在孕七月，准妈妈如果受到外界过度刺激会有早产危险，请准爸爸尽量陪着心情容易紧张的准妈妈一起去做定期产前检查，这样不仅可以了解到胎宝宝的发育情况，也能及时发现胎宝宝的异常，从而快速就医。

此外，准爸爸还应和准妈妈一起参加产前培训课程，了解有关分娩的正确知识，还要和准妈妈谈心，交流彼此的感觉，帮助准妈妈克服心理上的恐惧和无助的情绪，准爸爸不仅要给予准妈妈舒适的生活环境，同时要注意准妈妈情绪上的变化，尽量要让准妈妈保持愉悦的心情。

小贴士

准妈妈在孕期无论是心理还是生理上都处于比较脆弱的阶段，此时，准爸爸的支持无疑是准妈妈强大的精神支柱，能让准妈妈安然度过怀孕分娩的过程。

★跟妈妈一起做运动

胎宝宝越长越大，准妈妈在平时的活动中自然会比之前更加辛苦，但如果不做一些保健运动，又不利于孩子及大人的健康。此时，如果准爸爸能加入到准妈妈的运动胎教中来，就能在一定程度上减轻准妈妈的压力。

那么，都有哪些适合准爸爸和准妈妈一起做的运动呢？

呼吸运动

准妈妈盘腿坐好，臀部坐在正中，举起双手，准爸爸站在后面，拉住准妈妈的手，轻轻向上提拉，准妈妈张开嘴轻轻地吸气呼气，吸气时往上提，呼气时向下松；准妈妈合起双手，准爸爸一只手拉住准妈妈的手轻轻地向上提，另一只手自然下垂，此时准妈妈张开嘴轻轻地吸气、呼气。这样准爸爸就可以帮助准妈妈缓解胸闷肩酸的症状。

伸展运动

两人并排站立，双腿张开与肩同宽，两人手牵手，另一只手与手在头上连接，一边吐气，一边伸展侧身，外侧躬腿，里侧绷腿，这样左右两个方向各做一次，然后交换位置，再做一次。这样不仅可以舒展肢体，还可以缓解妊娠期不适症状。

击掌运动

两人背对背站着，双腿张开与肩同宽，一个人上半身向左转，另一个人向右，击打双方的两手，有节奏的左右轮流各做一次，然后两人向同一方向，注意转腰的动作不要过猛。这个动作可以帮助准妈妈缓解臀部和腰部的不适症状，改善血液循环。

长腿运动

夫妻面对面坐下，膝部弯曲呈90度，准爸爸腿张开与肩同宽，指尖向内，背部略弯，收下颌，这时准妈妈的腿向外张，准爸爸的腿向里夹，数节奏，最好坚持做四个八拍。这个动作对准妈妈分娩时有好处，可防止分娩时大腿用力过大引起的损伤。

★准爸爸陪准妈妈跳舞

华尔兹又叫圆舞。它原是欧洲的一种土风舞，其中一部分传到英国，经整理规范成了英国华尔兹，也就是华尔兹；另一部分传到欧洲中部，仍然保持土风舞热烈、淳朴的风格，经整理规范成了维也纳华尔兹，即我们常说的维也纳华尔兹。

华尔兹舞曲轻快，明朗而动人，舞步也是如此，令人身置其中，产生诗情画意，比其他很多的舞步都更加温文尔雅。准爸爸经常陪准妈妈跳一曲华尔兹，能让准妈妈感受到准爸爸浓浓的爱意。

准妈妈在怀孕期间，适宜选择比较舒缓的华尔兹舞步，可以自由地配合旋律和节拍，使得手、脚、腰等部位自然摆动，使肌肉充分伸展、放松。准爸爸陪着准妈妈跳舞的时候，要注意迁就准妈妈的舞步，使准妈妈感到身心舒适。

因为华尔兹有很多旋转的的动作。做旋转动作有一定的危险，所以，在这时候准爸爸可以放慢跳舞的速度，让准妈妈跟随着准爸爸的舞步，并且注意保护好准妈妈。

Part 3

出生后的0~12个月，是宝宝脑发育的第三个重要阶段

可爱的小宝宝终于出生了，新妈妈的喜悦肯定远远超过了身体的疲惫。与此同时，这也是宝宝脑部发育的第三个重要阶段。所以，新妈妈这时候全部的精力还不能都放到宝宝身上，要努力调养身体，因为刚出生的宝宝所需的营养都来自于母乳，健康强壮的妈妈才能养出聪明机灵的宝宝。本章将主要讲述这一时期母亲所需的营养，以及宝宝早教相关知识。

母乳喂养，妈妈应该吃什么才能促进宝宝的脑发育

卷心菜

补脑原理

卷心菜中含有丰富的维生素C、维生素E、叶酸等成分，总的维生素含量比番茄多出3倍，其中叶酸对巨幼细胞贫血和胎儿畸形有预防作用，并能有效促进宝宝的大脑发育。

卷心菜炒肉丝

原料：

猪瘦肉200克，卷心菜200克，红椒15克

调料：

盐3克，白醋2毫升，白糖4克，料酒、水淀粉、食用油各适量

做法：①将卷心菜洗净，切丝；猪瘦肉洗净切丝，加盐、料酒、水淀粉拌匀，腌渍入味。
②锅中加水烧开，倒入卷心菜焯水，捞出。
③用油起锅，倒入瘦肉丝、卷心菜、红椒炒匀，加白醋、盐、白糖调味，炒匀即可。

猪心炒卷心菜

原料：

猪心200克，卷心菜200克，彩椒丝50克

调料：

盐4克，料酒6毫升，生粉、水淀粉、食用油各适量

做法：①猪心洗净，切成片，加盐、料酒、生粉拌匀，腌渍入味，再汆水后捞出。
②卷心菜洗净，撕块，焯水后捞出。
③用油起锅，倒入猪心、彩椒煸炒至断生，放入卷心菜，加盐调味，用水淀粉勾芡即可。

猪蹄

补脑原理

猪蹄含有大量胶原蛋白和少量的脂肪、碳水化合物及多种维生素。猪蹄汤具有催乳作用，能增加乳汁营养，保证宝宝脑部健康发育，此外，常喝还能美容养颜。

红烧猪蹄

原料：
猪蹄300克，西蓝花150克

调料：
盐、味精、白糖、糖色、水淀粉各适量，生姜片10克，蒜片6克，八角、红曲米、葱段各适量

做法：①猪蹄洗净，汆煮，炸至暗红色；红曲米研碎，加清水、糖色调匀，淋在猪蹄上；西蓝花洗净，切瓣，焯水。
②锅留底油，放入蒜片、生姜片、八角、葱段、猪蹄翻炒匀，加清水，焖至猪蹄熟烂，加盐、味精、白糖调味，倒入水淀粉勾芡，盛出摆盘，围上西蓝花即可。

板栗桂圆炖猪蹄

原料：
猪蹄块600克，板栗仁70克，桂圆肉20克，核桃仁适量

调料：
盐2克，料酒7毫升，葱段、姜片各少许

做法：①板栗仁洗净，切开；猪蹄入沸水锅中，加料酒，汆去血水。
②砂锅中注入适量清水烧热，倒入姜片、葱段、核桃仁、猪蹄、板栗仁、桂圆肉。
③加入料酒拌匀，用大火煮开后转小火炖1小时至食材熟软。
④揭盖，加入盐，拌匀至食材入味，关火盛出即可。

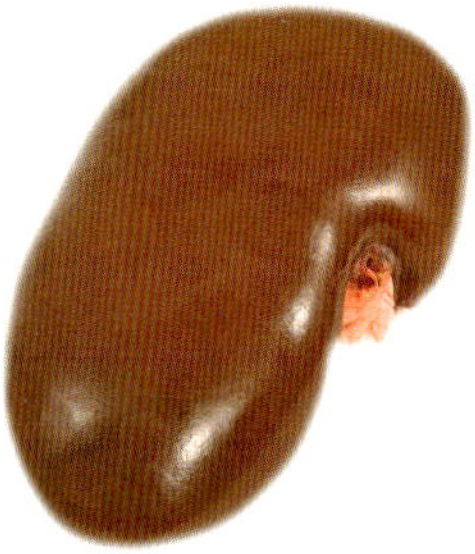

猪腰

补脑原理

猪腰又名猪肾，含有蛋白质、脂肪、碳水化合物、钙、磷、铁和维生素等，具有补肾气、通膀胱、消积滞、止消渴的功效。食用后可补充元气，提高乳汁营养，促进宝宝脑发育。

香菜炒猪腰

原料：

猪腰270克，彩椒25克，香菜120克

调料：

盐3克，生抽5毫升，白糖3克，鸡粉2克，料酒、水淀粉、食用油各适量，姜片、蒜末各少许

做法： ①香菜洗净，切段；彩椒洗净，切粗丝；猪腰处理干净，切上花刀，切成条，加盐、料酒、水淀粉、油腌渍入味。

②用油起锅，入姜片、蒜末爆香，倒猪腰，淋入料酒，放入彩椒，炒至熟软。

③加盐、生抽、白糖、鸡粉、水淀粉，翻炒入味，撒香菜梗、香菜叶，炒匀即可。

黄花菜枸杞烧猪腰

原料：

水发黄花菜150克，猪腰200克，枸杞10克

调料：

料酒8毫升，生抽4毫升，盐2克，鸡粉2克，水淀粉5毫升，食用油适量，姜片、葱花各少许

做法： ①黄花菜洗净，去蒂；猪腰洗净，切上花刀，切小块。

②黄花菜焯水后捞出；猪腰汆水后捞出。

③用油起锅，姜片爆香，倒入猪腰，淋料酒、生抽炒匀，放黄花菜，续炒。

④注水，放入盐、鸡粉，淋入水淀粉勾芡，炒匀调味，放洗净的枸杞、葱花即可。

猪骨

补脑原理

猪骨除含蛋白质、脂肪、维生素外，还含有大量磷酸钙、骨胶原、骨粘连蛋白等，能及时补充人体所需的骨胶原等物质，增强骨髓造血功能，补充乳汁营养，促进宝宝脑部的发育。

马蹄炖排骨

原料：

马蹄肉100克，排骨180克

调料：

盐2克，鸡粉2克，料酒3毫升，生抽3毫升，蚝油、水淀粉、食用油各适量，姜片、蒜末、葱段各少许

做法：①马蹄切小块；排骨剁块，洗净，入沸水锅，汆去血水。

②用油起锅，放入姜片、蒜末，爆香，倒入排骨、料酒、生抽翻炒。

③倒马蹄、清水，加盐、鸡粉、蚝油拌匀，炖至熟透，加水淀粉勾芡炒匀，撒上葱段即可。

哈密瓜鱼尾猪骨汤

原料：

鱼尾250克，猪骨40克，玉米块50克，哈密瓜块50克

调料：

盐2克，食用油、高汤各适量

做法：①猪骨剁块，洗净，入沸水锅汆去血水，过冷水。

②鱼尾入油锅，煎出香味，倒入适量高汤煮沸，取出煮好的鱼尾，装入鱼袋扎好。

③砂锅中注高汤，放入汆过水的猪骨、鱼尾、玉米、哈密瓜，搅拌片刻。

④煮至食材熟软，加入少许盐调味，捞出鱼尾，盛出汤料即可。

乌鸡

补脑原理

乌鸡含丰富的蛋白质，B族维生素、微量元素等成分，其中烟酸、维生素E、磷、铁、钾、钠的含量均高于普通鸡肉。食用乌鸡可以提高生理机能，为人体提供充足营养，预防女性贫血，增加乳汁营养，促进宝宝脑发育。

白果莲子乌鸡粥

原料：
水发糯米120克，白果25克，水发莲子50克，乌鸡块200克

调料：
盐、鸡粉各2克，料酒5毫升

做法：①乌鸡块装盘，加盐、鸡粉、料酒，拌匀腌渍入味。
②往砂锅中注水烧开，倒入洗好的白果、莲子及糯米，拌匀。
③盖上盖，用小火煮约30分钟，倒入乌鸡块，煮至食材熟透。
④加入盐、鸡粉，煮至入味，盛出即可。

山楂乌鸡汤

原料：
乌鸡550克，山楂干15克

调料：
盐3克，鸡粉2克，料酒10毫升，葱段、姜片各少许

做法：①乌鸡处理干净斩成小件。
②往锅中注水烧开，倒入乌鸡块，汆去血水，沥干水分。
③往砂锅中注水烧开，放山楂干、姜片、乌鸡块，淋入料酒。
④盖上盖，煮至食材熟透，加入盐、鸡粉调味，关火盛出，撒上葱段即可。

鲢鱼

补脑原理

鲢鱼能提供丰富的胶质蛋白，有滋养肌肤的作用，还能健脾补气、温中暖胃、散热，适合冬季哺乳的产妇食用，可促进乳汁分泌，提高乳汁营养，促进宝宝脑部发育。

鲢鱼丝瓜汤

原料：
鲢鱼肉250克，丝瓜85克

调料：
盐2克，鸡粉2克，水淀粉适量，姜片、葱花各少许

做法：①丝瓜洗净，切滚刀块；鲢鱼洗净，去骨，切片，装碗，加盐、水淀粉拌匀，腌渍入味。
②锅中注水烧热，倒入姜片，放入鱼骨，用中火煮约10分钟。
③转大火，倒入丝瓜，略煮片刻，加盐、鸡粉，放鱼片，煮熟即可。

清炖鲢鱼

原料：
鲢鱼肉320克

调料：
盐2克，料酒4毫升，食用油适量，姜片、葱段、葱花各适量

做法：①鲢鱼处理干净切块，装碗，加盐、料酒，腌渍入味。
②锅中注油烧热，放入腌好的鱼块，煎出香味。
③放入姜片、葱段，注入适量清水，烧开后用小火炖约10分钟。
④加盐调味，关火盛出，撒葱花即可。

大米

补脑原理

大米是补充营养素的基础食物，除了富含碳水化合物外，还含有蛋白质、脂肪、维生素及11种矿物质，能为人体提供全面的营养。大米还具有较强的润白功效，经常食用不仅可增加乳汁营养，促进宝宝脑发育，还可润泽皮肤。

菠萝炒饭

原料：

米饭150克，火腿肠100克，玉米粒50克，鸡蛋1个，菠萝丁30克，圆椒20克

调料：

盐3克，鸡粉2克，食用油适量，葱花少许

做法：①圆椒洗净，切粒；火腿肠切丁；鸡蛋打入碗中，调成蛋液。

②玉米、圆椒丁入沸水锅焯煮断生后捞出；火腿丁入油锅滑油变软后捞出。

③锅底留油烧热，倒入蛋液、米饭、焯过水的材料炒匀，加火腿丁、菠萝丁炒香，加盐、鸡粉调味，撒葱花炒香即可。

红豆玉米饭

原料：

鲜玉米粒85克，水发红豆75克，水发大米200克

做法：①玉米粒、红豆、大米洗净；往砂锅中注入适量清水，用大火烧开。

②倒入备好的红豆、大米，搅拌均匀，放入洗好的玉米粒，拌匀。

③盖上锅盖，烧开后用小火煮约30分钟至食材熟软，关火后盛出煮好的饭即可。

米酒

补脑原理

米酒富含糖、有机酸、维生素B_1、维生素B_2等，有能促进女性胸部细胞丰满的天然荷尔蒙，其酒精成分也有助于改善胸部血液循环，促进乳汁分泌，提高乳汁营养，从而促进宝宝脑发育。

米酒酿荷包蛋

原料：

鸡蛋2个，枸杞5克，米酒200毫升

调料：

红片糖40克

做法：①往锅中注入约400毫升清水烧开，放入准备好的红片糖，盖上锅盖，用小火煮约10分钟至糖分完全溶于水中。

②揭开盖，淋入约100毫升米酒，再打入鸡蛋，用小火煮约5分钟至鸡蛋成型。

③开盖，倒入余下的米酒，拌匀，再煮片刻，撒入枸杞，续煮约3分钟至鸡蛋熟透。

④关火后取下锅盖，盛出煮好的荷包蛋，放入汤碗中即可。

枸杞鹌鹑蛋米酒汤

原料：

枸杞5克，米酒100克，熟鹌鹑蛋50克

调料：

白糖适量

做法：①往锅中注入适量的清水烧开，倒入备好的米酒，搅拌均匀，盖上锅盖，烧开后再煮20分钟。

②揭开锅盖，倒入少许白糖，搅拌均匀，倒入熟鹌鹑蛋和洗好的枸杞，搅拌片刻。

③盖上锅盖，稍煮片刻至食材入味。

④揭开锅盖，持续搅拌片刻，关火后将煮好的汤水盛出，装入碗中即可。

开心果

补脑原理

开心果果仁是高营养的食品。开心果中含有丰富的油脂、维生素、矿物质和抗氧化元素，不仅有助于母体排毒，而且还能促进脑部发育。

枸杞开心果豆浆

原料：
枸杞10克，开心果8克，水发黄豆50克

调料：
白糖适量

做法：①将泡好的黄豆装碗，加水搓洗干净，沥干水分。
②把黄豆倒入豆浆机中，放入洗好的枸杞、开心果，加入适量白糖，注入适量清水，至水位线即可。
③盖上豆浆机机头，开始打浆，待豆浆机运转约15分钟，即成豆浆，滤入杯中稍凉即可饮用。

开心果炒黄瓜

原料：
开心果50克，黄瓜100克，西红柿1个

调料：
盐4克，鸡粉适量，食用油适量

做法：①开心果去壳；黄瓜洗净，切去两头，切滚刀块；西红柿洗净，切瓣。
②锅中注油烧热，放黄瓜炒熟，再放入西红柿、开心果仁炒匀，加入适量盐和鸡粉调味即可。

木瓜

补脑原理

木瓜含有大量的维生素A、维生素C及纤维质，是润肤、美颜的美容圣品。木瓜还含有丰富的木瓜酶，可以促进乳腺发育；凝乳酶能刺激女性荷尔蒙分泌，刺激卵巢分泌雌激素，使乳腺畅通，增加乳汁分泌及乳汁营养，促进宝宝脑发育。

木瓜牛奶汤

原料：

木瓜80克，牛奶70毫升

调料：

白糖适量

做法： ①木瓜洗净，去皮、瓤，切小片。

②往锅中注水大火烧开，倒入木瓜，搅拌片刻煮至微软。

③把备好的牛奶分次慢慢倒入，搅至混合后倒白砂糖，煮至白糖溶化。

④关火，将煮好的甜汤盛出装入碗中即可饮用。

菠萝木瓜汁

原料：

菠萝肉180克，木瓜60克，牛奶300毫升

做法： ①木瓜洗净，去皮、瓤，切成小块；菠萝肉切成小丁块。

②取榨汁机，选择搅拌刀座组合键，倒入木瓜、菠萝肉，注入备好的牛奶。

③盖好盖，选择“榨汁”功能，搅打约半分钟，榨取果汁。

④断电后倒出榨好的果汁，装杯即可。

配方奶喂养，选择什么样的奶粉和喂养方法才能促进宝宝脑发育

促进宝宝脑发育的黄金配方奶

婴幼儿期的营养对于幼儿脑部发育有重要意义，平衡膳食和补充适当营养素，可促进大脑发育，提高记忆力及智力水平，从而强化创造力。

配方奶粉是婴幼儿营养的重要来源，其种类不下数百种，其主要特点为脱去盐分，降低牛乳中酪蛋白含量而添加牛乳清蛋白，脱去动物脂肪而代之以植物油，并添加多种维生素及微量元素，帮助宝宝形成均衡的营养结构，保证宝宝创造力的培养和全面发展。

营养全面均衡的奶粉必须包含能支持宝宝体格、脑部及眼睛全方位发展的各种营养素，如蛋白质、碳水化合物、脂肪等，其中针对创造力发育方面，更应该包含对大脑发育有几大推动作用的营养素如DHA、AA、胆碱、牛磺酸等，只有营养全面均衡且更接近于人乳的配方奶才更有利于宝宝的大脑发育。

综上所述，黄金配方奶所包含的功能成分应该有蛋白质（α-乳清蛋白、牛磺酸）、DHA、AA、亚麻酸、亚油酸、维生素、矿物质、核苷酸、叶黄素、低聚糖，且不含棕榈油。

配方奶中促进宝宝脑发育的成分

★DHA和AA

DHA是二十二碳六烯酸，又称脑黄金；AA（ARA）是指花生四烯酸。

DHA、AA在体内由必需脂肪酸亚油酸、亚麻酸转化而成，对婴儿脑部及视力的发育有重要作用。

人类脑灰质22.1%及脑白质23.9%是由磷脂构成，视网膜光感受器也有丰富的磷脂。其中主要成分是DHA和AA，它们能维持细胞膜的流动性、通透性，能促进神经元树

突的大量增多和延长，促进髓鞘形成，还与视网膜光感受器的迅速发展有关。如果缺乏，便会影响婴幼儿的认知能力。

★亚油酸、亚麻酸

随着婴儿年龄的增长，通过亚麻酸和亚油酸转化合成DHA、AA的能力增强。

如果奶粉中含有充足的亚油酸和亚麻酸，就可以在体内根据需要，自然合成DHA和AA，让婴幼儿脑部发育更好。

如果不能提供充足的比例适当的亚油酸、亚麻酸，可能需要额外添加DHA和AA，但添加DHA和AA易氧化，氧化后配方奶的味道会有所改变。

因此，婴幼儿配方奶中添加足量的亚油酸和亚麻酸对婴幼儿脑发育有重要影响。

如何进行配方奶喂养

★配方奶喂养时间

配方奶喂养的宝宝，开始时，每2~3小时喂一次，或是新妈妈看到宝宝饿了就喂。等宝宝长到约4.5千克重时，宝宝每顿可能要吃30~90毫升的奶。如果宝宝不想吃，也不要勉强宝宝。

★配方奶喂养注意事项

不要用微波炉加热配方奶

因为微波炉热奶受热不均匀，部分加热的奶会特别热，容易烫到宝宝，而且用微波炉热奶会破坏配方奶中的一些营养成分。可以把奶瓶放到一盆热水中加温，或直接放在热水龙头下冲，也可以买一个专门的加热器。

1岁以内的宝宝不宜喝新鲜牛奶

未经加工的牛奶会使婴儿的胃肠道内膜产生反应并导致持续缓慢的失血，并且，牛奶中的蛋白质、矿物质含量过高，会使宝宝肾脏负担加重，从而影响宝宝的健康。

不要架着奶瓶让宝宝单独喝奶

让宝宝单独喝奶会使准妈妈失去和宝宝建立亲子关系、相互依偎的机会，而且还有可能会呛着宝宝。新妈妈应在喂奶时亲密地抱着宝宝，增进你们之间的亲子感情。

6~12个月的宝宝需添加含维生素、蛋白质、铁的辅食才能促进宝宝脑发育

油菜

补脑原理

油菜含有丰富的钙、铁、胡萝卜素、维生素C、维生素E等营养成分，尤其是维生素E的含量高达13.2毫克/100克。多食油菜可以有效补充维生素和钙，促进宝宝的大脑发育。适合7~9个月宝宝食用。

油菜水

原料：
油菜40克

做法：①将油菜洗净，切小瓣，改切成小块，备用。
②往砂锅中注入适量清水烧开，倒入切好的油菜，拌匀。
③盖上盖，用大火烧开后用小火煮约10分钟至熟。
④关火后揭盖，用滤网将汤水过滤到碗中即可。

油菜燕麦粥

原料：
油菜30克，燕麦片70克，鸡蛋1个

调料：
盐2克，高汤250毫升

做法：①鸡蛋打入碗中，打散，调匀；油菜洗净，切丝，切成粒。
②往锅中注入适量高汤，倒入燕麦片，拌匀，用小火煮20分钟至燕麦片熟烂。
③加入油菜、少许盐、蛋液，拌匀，煮沸，关火，盛粥装碗即可。

土豆

补脑原理

土豆含有丰富的碳水化合物、膳食纤维，其所含的维生素也是蔬菜中较全的，其含量相当于胡萝卜的2倍、大白菜的3倍、西红柿的4倍，B族维生素更是苹果的4倍，能有效促进宝宝的大脑发育。适合7~9个月宝宝食用。

土豆胡萝卜肉末羹

原料：

土豆110克，胡萝卜85克，肉末50克

做法：①土豆去皮，洗净，切成块；胡萝卜洗净，切片。

②把胡萝卜和土豆分别装盘，放入烧开的蒸锅中，蒸至熟。

③取榨汁机，把土豆、胡萝卜倒入杯中，加入适量清水，选择“搅拌”功能键，榨取土豆胡萝卜汁。

④往砂锅中注水烧开，放入肉末，倒入榨好的蔬菜汁，煮至熟透，盛出即可。

肉末南瓜土豆泥

原料：

南瓜300克，土豆300克，肉末120克

调料：

料酒8毫升，生抽5毫升，盐4克，鸡粉2克，芝麻油3毫升，食用油适量，葱花少许

做法：①南瓜、土豆均去皮，洗净，切成片。

②热锅注油烧热，倒入肉末，炒至变色，加料酒、生抽、盐、鸡粉调味，盛出炒好的肉末。把土豆、南瓜蒸熟，剁成泥状，装碗，放入肉末、葱花，加盐、芝麻油，搅拌入味即可。

鸡肉

补脑原理

鸡胸肉含有较多的B族维生素，还含有丰富的铁质，可改善血液循环。鸡胸肉还含有丰富的骨胶原蛋白，可以提高身体免疫力。婴幼儿常吃鸡肉可以保证大脑获得充足的养分，促进大脑的生长发育。适合7~9个月宝宝食用。

鸡肉南瓜泥

原料：

鸡胸肉65克，南瓜120克

调料：

盐少许

做法：①南瓜去皮，洗净，切成片；鸡胸肉洗净，剁成肉泥。

②将南瓜装入盘中，放入烧开的蒸锅中，用中火蒸10分钟至熟。

③将蒸好的南瓜取出，倒入碗中，压碎，压烂。

④汤锅中加水烧开，放入南瓜泥、鸡肉泥、少许盐，拌匀，用小火煮沸即可。

鸡肉丝炒米饭

原料：

鸡胸肉80克，米饭120克

调料：

盐、鸡粉各2克，水淀粉、生抽各2毫升，食用油适量，葱花少许

做法：①鸡胸肉洗净，切成丝，装入碗中，放入少许盐、水淀粉、食用油，拌匀，腌渍10分钟。

②用油起锅，倒入鸡肉丝，炒至转色，加入少许清水，拌煮至沸。

③加入适量生抽、鸡粉、盐炒匀调味，倒入米饭炒至入味，放入葱花炒匀即可。

鸡蛋

补脑原理

鸡蛋含有多种维生素和氨基酸，人体利用率达99.6%。此外，鸡蛋还含有丰富的铁，其利用率达100%，是人体铁的良好来源。适合10~12个月宝宝食用。

彩蔬蒸蛋

原料：
鸡蛋2个，玉米粒45克，豌豆25克，胡萝卜30克，香菇15克

调料：
盐、鸡粉各3克，食用油少许

做法：①香菇、胡萝卜洗净，切丁。
②往锅中加水烧开，加入少许盐、食用油，倒入胡萝卜、香菇、玉米粒、豌豆焯水后捞出。
③取一大碗，打入鸡蛋，加入少许盐、鸡粉、清水，至鸡蛋混合均匀，倒入蒸盘。
④将食材放在蛋液上，铺匀，入锅蒸熟。

平菇蛋汤

原料：
菠菜100克，平菇100克，鸡蛋1个

调料：
盐2克，鸡粉2克，芝麻油2毫升，食用油适量

做法：①菠菜洗净，切去根部，切成段；平菇洗净，切成小块；鸡蛋打入碗中，打散、调匀。
②往锅中加水烧开，放入少许盐、鸡粉、适量食用油、平菇，搅散，煮至沸。
③倒入菠菜段，拌匀，煮至熟软，倒入蛋液、适量芝麻油，拌匀略煮。
④将煮好的汤料盛出，装入汤碗中即可。

银鱼

补脑原理

银鱼含有丰富的蛋白质、脂肪、碳水化合物、多种维生素和矿物质等营养成分，堪称“河鲜之首”。因此银鱼可以为宝宝提供丰富全面的营养成分，促进宝宝大脑发育。适合10~12个月宝宝食用。

菠菜小银鱼面

原料：

菠菜60克，鸡蛋1个，面条10克，水发银鱼干20克

调料：

盐2克，鸡粉少许，食用油4毫升

做法：①将鸡蛋打入碗中，搅散、制成蛋液；菠菜洗净，切段；面条折成小段。

②锅中加水烧开，放入少许食用油、盐、鸡粉、银鱼干，煮沸后倒入面条煮至熟。

③倒入菠菜拌匀，煮至面汤沸腾，倒入蛋液，边倒边搅拌，煮至液面浮现蛋花。

④关火，盛出面条，放在碗中即可。

苋菜银鱼汤

原料：

苋菜150克，水发银鱼30克

调料：

盐少许，鸡粉2克，料酒、食用油各适量，姜片少许

做法：①苋菜洗净，切段；银鱼用凉开水泡好。

②起油锅，放入姜片，爆香，倒入银鱼、料酒，炒香，放入苋菜，炒匀。

③倒入适量清水，用大火煮沸至熟，加入适量盐、鸡粉，搅匀调味。

④把煮好的汤料盛出，装入碗中即可。

梨

补脑原理

梨含有大量蛋白质、脂肪、钙、磷、铁和葡萄糖、果糖、苹果酸、胡萝卜素及B族维生素、维生素C等，B族维生素和维生素C都参与脑发育及学习记忆密切相关的体内物质的代谢。适合6个月宝宝食用。

冰糖雪梨豆浆

原料：

雪梨30克，水发黄豆50克

调料：

冰糖适量

做法：①雪梨洗净，切小块；泡好的黄豆装碗，注水搓洗干净，沥干。

②把黄豆、雪梨倒入豆浆机中，注入适量清水，至水位线即可。

③盖上豆浆机机头，开始打浆，待豆浆机运转约15分钟，即成豆浆。

④断电，滤取豆浆，倒入碗中，加入冰糖，用汤匙撇去浮沫即可。

黄瓜雪梨汁

原料：

黄瓜65克，雪梨70克

做法：①黄瓜洗净，切小块；雪梨洗净，切小块。

②取备好的榨汁机，倒入切好的雪梨和黄瓜，加入适量纯净水，盖好盖子。

③选择“榨汁”功能，榨出蔬果汁。

④断电后倒出蔬果汁，装入杯中即可。

椰子

补脑原理

椰子中含有蛋白质、脂肪、维生素C及钙、磷、铁、钾、镁、钠等矿物质，营养极为丰富，均可促进大脑发育，具有促进神经系统发育、增殖分化，增强学习记忆的作用。适合6个月宝宝食用。

自制健康椰子汁

原料：

椰肉130克，鲜椰汁250毫升

做法：①椰肉切小块。

②将椰肉块洗净，沥干。

③取榨汁机，倒入洗好的椰肉块，注入适量的鲜椰汁，盖好盖子。

④选择“榨汁”功能键，榨取鲜果汁，断电后倒出果汁，装入杯中即可。

香芒菠萝椰汁

原料：

芒果120克，菠萝肉170克，椰汁350毫升

做法：①菠萝洗净，切小块；芒果取果肉，切小块。

②取榨汁机，倒入芒果肉、菠萝肉，加入椰汁。

③盖上盖，选择“榨汁”功能键，榨取果汁，断电后倒出果汁，装入杯中即可。

补脑原理

猕猴桃含有丰富的矿物质，包括丰富的钙、磷、铁，还含有胡萝卜素和多种维生素。由于其含有丰富的营养物质，因此可以提高总蛋白质水平，蛋白质是脑细胞的主要成分，在体内代谢为氨基酸，可促进神经系统发育。适合7~9个月宝宝食用。

猕猴桃泥

原料：

猕猴桃90克

做法：①猕猴桃洗净去皮，去除头尾，切开，去除硬芯，再切成薄片，剁成细软的猕猴桃泥。

②取一个干净的小碗，盛入做好的猕猴桃泥即可食用。

猕猴桃橙子奶

原料：

橙子肉80克，猕猴桃50克，牛奶150毫升

做法：①猕猴桃去皮，洗净，切丁；橙子肉去皮，切小块。

②取榨汁机，杯中倒入切好的橙子、猕猴桃，再倒入适量牛奶。

③盖上盖子，选择“搅拌”功能键，将杯中食材榨成汁，把榨好的猕猴桃橙奶汁倒入碗中即可。

甘蔗

补脑原理

甘蔗中含有丰富的碳水化合物、水分，此外，还含有对人体新陈代谢非常有益的各种维生素、脂肪、蛋白质、有机酸、钙、铁等物质。维生素作为辅酶参与代谢，可保证大脑发育和进行正常生理活动。适合6个月宝宝食用。

甘蔗冬瓜汁

原料：

甘蔗汁300毫升，冬瓜270克，橙子120克

做法： ①冬瓜洗净，切薄片；橙子洗净，切开，去果皮。

②往锅中注水烧开，倒入切好的冬瓜，煮至其熟软，捞出煮好的冬瓜，待用。

③取榨汁机，倒入橙子、冬瓜，加入甘蔗汁，盖好盖，榨取蔬果汁。

④断电后，取下搅拌杯，倒出汁水，装碗即可。

马蹄甘蔗汁

原料：

马蹄肉120克，甘蔗段85克

做法： ①马蹄肉洗净，去皮，切小块；甘蔗洗净，去皮，切小块。

②取榨汁机，倒入切好的马蹄肉、甘蔗，注入适量纯净水。

③盖上盖，选择“榨汁”功能，待其充分榨出汁水。

④断电后倒出甘蔗汁，装入杯中即可。

核桃

补脑原理

核桃中含有较多的蛋白质、矿物质及人体必需的不饱和脂肪酸，这些成分皆为大脑组织细胞代谢的重要物质，能滋养脑细胞，增强脑功能，因而能促进宝宝的大脑发育，使宝宝更加聪明、健康。适合7~9个月宝宝食用。

黑芝麻核桃粥

原料：
黑芝麻15克，核桃仁30克，糙米120克

调料：
白糖6克

做法：①将核桃仁倒入木臼，压碎，倒入碗中；糙米洗净。
②汤锅中加水，用大火烧热，倒入洗净的糙米拌匀，烧开后用小火煮至糙米熟软。
③倒入核桃仁，拌匀，用小火煮10分钟至食材熟烂。
④倒入黑芝麻、白糖，拌匀，煮至白糖溶化，关火，盛粥装碗即可。

花生核桃糊

原料：
核桃粉30克，糯米粉30克，花生25克

调料：
白糖45克

做法：①取一碗，将加水搅拌过的核桃粉倒入碗中，倒入糯米粉、少许清水，把碗中材料调成糊状。
②往锅中倒入约1000毫升清水，放入洗好的花生，用小火煮至花生熟烂。
③揭盖，往锅中倒入白糖，煮至白糖完全溶化，把调好的米糊倒入锅中，拌匀，煮至沸腾。
④将煮好的核桃糊盛出即可。

米汤

补脑原理

米汤中含有大量的烟酸、维生素B_1、维生素B_2和磷、铁等无机盐，还有一定的碳水化合物及脂肪等营养成分。经常喝米汤对宝宝的健康和发育有益，有助于促进消化和对脂肪的吸收，保证宝宝脑发育。适合6个月宝宝食用。

清淡米汤

原料：

水发大米90克

做法：①将大米洗净；往砂锅中注水烧开，倒入洗净的大米，搅拌均匀。

②盖上盖，烧开后用小火煮至米粒熟软。

③揭盖，搅拌均匀，将煮好的大米粥滤入碗中。

④待米汤稍微冷却后即可饮用。

蛋花浓米汤

原料：

大米150克，鸡蛋1个

做法：①大米淘洗干净；鸡蛋打成蛋液，待用。

②往锅内注入大量清水，倒入淘洗好的大米，大火煮沸，煮至米粒开花，米汤变得浓稠。

③用漏勺将米粒捞出，把打好的蛋液倒入锅中，搅拌均匀。

④关火，将煮好的米汤盛出即可。

糙米

补脑原理

糙米含有丰富的膳食纤维、B族维生素、维生素E、钾、镁、锌、铁、锰等营养成分，可提高机体免疫功能、促进血液循环、保持内分泌平衡，从而有效维护大脑的机能，促进宝宝的大脑健康地发育。适合10~12个月宝宝食用。

杂豆糙米粥

原料：

水发糙米175克，水发绿豆100克，水发黑豆50克，水发红豆40克，水发花豆65克

做法：①将糙米、绿豆、黑豆、红豆、花豆洗净；往砂锅中注入适量清水烧热，倒入糙米、绿豆。

②放入花豆、黑豆、红豆。

③盖上盖，烧开后用小火煮约45分钟，至食材熟透。

④揭盖，搅拌几下，关火后盛出煮好的糙米粥，装在小碗中，待冷却后食用即可。

糙米花生浆

原料：

水发糙米70克，花生米20克

调料：

白糖适量

做法：①糙米、花生米浸泡4小时，用清水搓洗干净，倒入滤网中，沥干水分。

②将洗净的糙米、花生米倒入豆浆机中，注入适量清水，至水位线即可。

③盖上豆浆机机头，选择“五谷”功能键，再选择“开始”键，进行打浆。

④把煮好的豆浆倒入碗中，撒上适量白糖，搅拌均匀，待稍凉后即可饮用。

应该进行哪些益智游戏

0~3个月益智游戏

看玩具

游戏准备： 色彩鲜艳、形状鲜明的小玩具。

方法步骤：

宝宝仰卧在床上，妈妈微笑着面对宝宝，大约距离宝宝20~30厘米，让宝宝看看颜色鲜艳、形状鲜明的玩具。

游戏持续时间15秒，每天做2~3次。

培养技能：

能使宝宝在方便的体位感知全新的世界，游戏会促使宝宝使劲伸头或转动头部去看，从而使他的颈部得到锻炼，逐渐支撑头部重量。

听声音

游戏准备： 花铃棒或八音盒。

方法步骤：

①宝宝高兴的时候，让他躺在摇篮里，或者将他抱在怀中。

②用声音柔和的花铃棒或者八音盒逗弄宝宝，因为花铃棒不但能不断旋转，吸引宝宝的注意力，同时还能发出美妙的声音。

培养技能：

让宝宝接触声音，习惯声音，能提高宝宝的听觉记忆能力，建立重要的语言连接，培养视觉空间技能，刺激和促进宝宝语言技能的发展。

照镜子

游戏准备：小镜子或者穿衣镜，小毛巾或小玩具。

方法步骤：

①镜子靠墙放置。

②妈妈把宝宝放在自己腿上，让宝宝对着镜子照一会，说，“看！镜子里的人是谁啊？啊，原来是宝宝再里面呢。”然后把镜子拿走。

③接着让宝宝再照一会，再拿走镜子，如此反复操作几次。

④让宝宝触摸镜子，或让宝宝向镜子挥手、微笑、摇头等。

⑤对着镜子给宝宝打扮，如，在镜子前给宝宝戴帽子，拉着宝宝的手摸摸帽子，摸摸自己的五官，带领宝宝在镜中指出身体的各个部位。

培养技能：

锻炼宝宝的自我意识，让宝宝认识镜中自己的形象，对自己的身体发生兴趣；培养宝宝的感知能力，引起宝宝探索外界的兴趣，提高注意力和触觉。

亲子互动

在地板上铺一张柔软的毯子，上面放一面不会破的安全镜子，观察宝宝抬起头、手和脚的景象。妈妈还可以偷偷往镜子里望，让宝宝能够看见你。

肢体运动

游戏准备：宝宝洗澡前，干净的地垫或者舒适的床上。

方法步骤：

①妈妈握住宝宝的双手做上、下、内、外、屈肘、伸肘的动作。

②握住宝宝的双脚做上、下、内、外展、合拢、屈膝、伸直的动作。

培养技能：

肢体运动游戏可促使宝宝的快速发育。运动中，宝宝的皮肤受到抚摸，会刺激宝宝灵活多变的反应，还能引导宝宝了解语言文字的智能分析。

亲子互动

这个游戏可以选择在给宝宝洗澡之前或者是舒适的天气做，爸爸妈妈可以边喊口令边带领宝宝做这个游戏，做的时候爸爸妈妈还可以变换一下，握住宝宝小手让两臂平展，在胸前交叉。

逗笑

方法步骤：

妈妈抱着宝宝，挠宝宝身体，用快乐的声音、表情去感染宝宝。经常与宝宝互动，做鬼脸，让宝宝发出哈哈的笑声。

妈妈可以自己经常发出笑声，这样宝宝也会模仿着放声大笑。

培养技能：

逗宝宝笑是为了练习条件反射，建立第一条通过学习得来的神经回路。宝宝越早学会笑，以后就越聪明。这个游戏不仅能促进宝宝大脑发育，还能帮助宝宝养成豁达乐观的性格。

亲子互动

从宝宝出生第一天起，妈妈就可以试着逗宝宝笑。有的宝宝出生大概20天就能玩这个游戏了。一般满月之后的宝宝就会发出声音，个别宝宝会出现得早些或迟一些。

4~6个月益智游戏

认红色

游戏准备：彩色的玩具。

方法步骤：

①放一件宝宝喜爱的彩色玩具，如红色积木，并反复告诉他："这块积木是红色的。"然后拉着宝宝的手，从几种不同的玩具中拿起这块红色的积木。

②再拿出另一个红色玩具，如红色布偶，告诉宝宝："这也是红色的。"当他表示疑惑时，爸爸妈妈再拿一块红布、红积木及红色布偶放在一起，告诉他："这边都是红色的。"但不能说那边是白色、绿色的，要把宝宝的注意力集中到一种颜色上。

培养技能：

帮助宝宝识别颜色，开发宝宝右脑的形象思维能力。

视觉刺激

游戏准备：餐巾、彩色糖豆或磨牙饼干。

方法步骤：

①在洁白的餐巾或纸巾中央放一粒红色的糖豆或磨牙饼干棒。

②宝宝会把注意力放到糖豆或饼干棒上，然后伸手去摸，用手去拨弄，还想把它抓起来放入口中。

③等到宝宝注意到糖豆以后，妈妈也可以移动糖豆，让宝宝伸手去够。

培养技能：

培养宝宝连续追视的能力，发展形状知觉和注意力。

对掌、对敲和传手

游戏准备：小玩具。

方法步骤：

①宝宝掌握大把抓式握物之后，会进一步尝试用拇指和其他手指相对握物的方法，这种握物法称为“对掌握物”。

②宝宝学会对掌握物后，两手可各拿一个玩具而且对敲起来，宝宝会高兴地听着它们发出的声音，拿着玩具到处敲打。

③如果妈妈再给他一个玩具，他会扔掉手里的，去拿新的。

④妈妈将他扔掉的玩具收走，使得宝宝不敢再扔，于是他会把手中的玩具放在胳膊上抱着，再去拿一个。

⑤宝宝胳膊上抱不住东西，会用手尝试多种方法，最后学会将左手拿的玩具放下，将右手拿的玩具传到左手，再伸右手去取第三个。

培养技能：

发展宝宝使用手握物的技巧，训练宝宝拍手、握手、传手的能力，为以后手部动作的灵巧作准备。

叫名回头

方法步骤：

①面对宝宝叫他的名字时，他会对你微笑，还会发出“哦”的声音作答。

②当宝宝俯卧用手撑起上身时，妈妈可试着在他的背后叫他的名字，让他回头找人。一旦他会回头，就马上将他抱起，并亲亲他说，“你真棒。”

③在进入宝宝房间之前，或在别的房间叫宝宝的名字。宝宝也会转头寻找，看谁在叫他。

培养技能：

训练宝宝的视听统合能力，发展宝宝的注意力和观察力；引起宝宝的好奇心，促进宝宝听觉的分辨能力。

骑大马

游戏准备：舒适的椅子、小毛巾。

方法步骤：

①让宝宝坐在一张舒适的椅子上，妈妈则脱掉鞋子。

②双腿并拢，妈妈的脚踝上放一条小毛巾。

③让宝宝面对着妈妈坐在小毛巾上，双臂向前伸展。

④宝宝的手由妈妈双手扶稳。轻轻上下移动你的双腿，让宝宝骑在上面。一面背诵儿歌一面用腿按节拍跳动，让宝宝有骑在马上的感觉。

培养技能：

让宝宝掌握平衡能力、肌肉控制能力以及头部控制力，同时，随着音乐舞动，能帮助宝宝懂得儿歌的韵律。

闻“百花香”

游戏准备：带盖小瓶或者塑料胶卷盒若干，内装干桂花、茴香、茶叶、香波。

方法步骤：

①妈妈把宝宝抱坐在地上，拿一个已装好香料的小瓶，放在宝宝的鼻子下方，来回移动几次。

②观察宝宝闻到香味后的表情，然后对宝宝说“这是桂花香味”“真香”“真好闻”。

③过几分钟，换一瓶香料让宝宝闻，每种香味让宝宝闻2~3次。

培养技能：

提高宝宝的嗅觉灵敏度，多接触花草，对宝宝的视觉和嗅觉发育都有很好的帮助。

7~9个月益智游戏

来电话了

游戏准备：玩具电话，听筒两个。

方法步骤：

①让宝宝靠坐在床上，妈妈则坐在对面。

②帮助宝宝拿起电话，说："叮铃铃，来电话了，宝宝接电话吧。"

③妈妈再拿起玩具电话，对着电话说："喂，宝宝在家吗？"

④妈妈分饰两个角色，演示妈妈和宝宝的"对话"，可以聊聊今天妈妈做的事和宝宝做的事。

培养技能：

打电话游戏既可调动宝宝对语言的兴趣，促使其语言智慧的发展，又可以帮助宝宝认识一种与人交流的形式，提升其人际交往能力。

亲子互动

妈妈要和宝宝建立一种聊天的习惯，当宝宝睡醒之后，妈妈可以用缓慢、柔和的语调告诉宝宝你正在做什么，今天天气如何，你的心情怎么样，如："宝宝，妈妈正在帮你换尿布，你睡觉梦见妈妈了吗？"

搬运小工人

游戏准备：手指饼干若干、干净的塑料盘子2个。

方法步骤：

①妈妈将大约10个手指饼干放在一个塑料盘子里，接着用食指和拇指拿起一块手指饼干放在另一个塑料盘子里。

②引导宝宝做以上的动作，将饼干一块一块地放到另一个塑料盘子里。

③每当宝宝完成一次搬运之后，妈妈要用语言表示鼓励或是赠送宝宝一个手指饼干。

④重复以上的动作，宝宝每搬运一次，妈妈可以在旁边数数，让宝宝感知物品和数量之间内在的逻辑关系。

培养技能：

训练宝宝躯体运动能力；培养动作连贯性和协调转换能力，增强动作的随意性；培养宝宝的注意力、观察力、记忆力，激发好奇心和主动性，促进宝宝动作思维尽快萌芽。

连续翻滚

游戏准备：地垫、小玩具。

方法步骤：

①在平坦的地垫上，宝宝先仰卧，妈妈用一件可爱的小玩具吸引宝宝注意，吸引宝宝的视线。

②妈妈把小汽车从宝宝身边推开一小段距离，让宝宝去够取。宝宝很想向右转身去够，但够不着。

③宝宝会将身体翻过去，还是够不着，妈妈会说“再翻一个”，指着小汽车让宝宝再翻360°，去够小车。

④经过几次之后，妈妈可以换个小玩具从宝宝身边滚过。这时候宝宝能较熟练地连续翻几个滚，伸手把球拿到。

培养技能：

增强宝宝动作灵敏度，为匍行及爬行做准备；训练宝宝全身肌肉及运动协调性；训练宝宝的感觉统合能力，促进大脑和前庭系统的发育。

10~12个月益智游戏

滑滑梯

游戏准备：滑梯。

方法步骤：

①让宝宝自己扶栏杆上滑梯，妈妈要在旁边协助和保护宝宝。

②让宝宝先用一只脚先上去，另一只脚跟上，每一步都踏稳以后，再尝试迈上一梯。

③如果需要换脚上梯时，帮宝宝用手拉住扶手，身子微微向前。

④爬上去后，让宝宝坐好再缓缓往下滑。滑下来时要帮宝宝扶好扶手，注意速度和脚落地时的动作。

培养技能：

训练宝宝的攀爬、迈步能力，帮助宝宝控制身体平衡和协调性。

拍水声

游戏准备：澡盆。

方法步骤：

①妈妈拍一下澡盆里的水，让宝宝听见“啪啪”的声音。

②然后，妈妈轻轻地抓住宝宝的小手，再拍一下澡盆里的水，鼓励宝宝自己拍起水花。

③逐渐加强节奏性，使宝宝掌握拍水的动作。

培养技能：

通过模仿，自己学习制造声音，加强宝宝对特定声音的印象，从而提高宝宝对声音的记忆能力。

蜡笔乱涂

游戏准备：大一点的纸张、蜡笔、彩色铅笔或水彩笔。

方法步骤：

①在桌上先放上各色蜡笔，先让宝宝把玩一下。宝宝一开始可能用手摸来摸去，或是丢到地上，妈妈要告诉宝宝“这是蜡笔”“这是一支红色的蜡笔”。

②将各色蜡笔摆在宝宝面前，宝宝可能会先挑选一种颜色，或者很快就会再换一种颜色的蜡笔。

③把旧报纸铺在桌面上，让宝宝自由自在地涂画。当宝宝发现手的运动在纸上有痕迹会十分兴奋，会使劲涂画。

④等宝宝画一会，妈妈可以设置一个范围，让他尽量在设定的框内涂画。也可以在宝宝画出的直线、曲线中适当勾画，让它变成形状，增加宝宝兴趣。

培养技能：

本游戏能锻炼宝宝手的灵活性，同时训练宝宝拿笔和用笔的能力，培养宝宝自我创作欲望。

第一次小拼图

游戏准备：动物彩色大图片、剪刀。

方法步骤：

①找一张动物的彩色大图片，妈妈按照动物的身体部位，将头、手、脚、耳朵、眼睛等部位逐一剪下。

②将图片打乱顺序后，放在地板上，让宝宝试着拼拼看。

培养技能：

培养宝宝的观察能力、手脑协调能力以及想象力和方位感。

多元智能的开发

语言能力

★让宝宝感受语言的快乐

快乐的环境是宝宝最佳的心理成长环境，要让宝宝觉得学习语言是件快乐的事情，宝宝才会更有干劲。大人应在宝宝玩耍获得成功、取得进步时，适时地赞美宝宝，可以通过拥抱、微笑让他知道你很重视他，很喜欢和他讲话。

与宝宝分享他的快乐是对宝宝认知活动和语言发展最优的反馈和强化，这会让宝宝自信满满，想要继续学习新东西。宝宝心理的一个重要特点就是“依赖性”，他无法自己给予自己肯定，因此来自亲密照顾者的鼓励是他学习的重要动力。

★让宝宝在倾听中学说话

宝宝是从“听”中学说话，也必须学会听。听辨各种声音的不同也和说话能力密切相关。可以随时提醒宝宝注意周边环境中的声音。比如：时钟的声音；拍手的声音；大人还可以敲击不同材质的东西让宝宝听一听。

给宝宝听音乐，特别是古典音乐也可以促进宝宝的语言发展，尤其是语言理解能力，因为掌管语言理解力与音乐理解力的大脑区域是同一个区域。早早让宝宝聆听、接触品质好的东西，耳濡目染，不断渗透，可以为宝宝日后的良好品位奠定基础。

★每天固定的经典时间建立宝宝的语言品位

教宝宝说话，除了保证宝宝每天听到一定数量的词汇，还要注意输入语言的质量。高质量的语言就是那些经过提炼、加工的书面语言。

每天可以固定一个时间，把宝宝抱在怀里，一边和他一起看图画书一边念给他听。这些规范化、具有韵律且优美的语言会在宝宝的大脑里形成印象。随着时间的推移，不断渗透，虽然宝宝不能完全理解意思，但能帮助宝宝逐步建立语言方面良好的品位。

在给宝宝念图画书、诗歌、童谣的时候，大人要特别注意自己的语音、语调。这对发展宝宝的听力、发音也很有好处。给宝宝念书的时间永远不会太早。

图画书中的东西可以是平时生活中接触不到的，给予宝宝新刺激，增加新的词汇；也可以是平时经常接触的东西，帮助他建立联系，他也会因为认识图片上的事物而高兴，有成就感进而激发他学习的兴趣。

★加强0~12个月宝宝语言能力的秘招

模仿发声

宝宝发声是从模仿开始的，因此妈妈对宝宝的第一次训练要从模仿开始。每天，妈妈可以在宝宝很开心的时候，抱起自己的宝宝，在他面前做出张嘴、吐舌或其他各种表情，或是慢慢地对着宝宝说出你希望宝宝掌握的第一个词。这时候你要让宝宝注意到你的口形和面部表情，逗他发音。逐渐地，宝宝就会发出声音应答你，与你进行“母子对话”。

吸引注意力

对宝宝听觉的训练也能够促进宝宝对于语言的掌握，因为宝宝只有先学会了听，才会学习说话。

妈妈可以拿一些比较好玩的发声玩具，如铃铛、拨浪鼓等，在宝宝面前摇晃，吸引宝宝的注意力，让他把目光集中在你的脸上。这时候你就可以对着宝宝喊出他的名字，或是对着他说话；妈妈还可以在宝宝四周制造声音，让宝宝寻找声源，加强宝宝对声音的注意力。

播放“宝宝音乐”

专家告诉我们，宝宝对音乐有很高的敏感度，童谣特有的节奏和韵律最适合小宝宝听。针对这些特点，妈妈可以为宝宝选择一些节奏欢快的宝宝音乐放给他听，每天只要播放十几分钟就可以。宝宝对妈妈的声音最熟悉，为了更好地让宝宝学习，妈妈可以亲自上阵，自己唱童谣给宝宝听。

宝宝哭闹或者是每次睡觉前，妈妈都可以为宝宝轻轻哼唱摇篮曲，这样可以让宝宝很快安静下来，为他营造一个舒适、愉悦的睡眠环境。

学动物的声音

拟声词是最容易被人类掌握的语言，也是最容易引起宝宝兴趣的语言之一。为了引起宝宝对语言的兴趣，妈妈、爸爸可以用夸张的表情，模仿各种熟悉的小动物的叫声给宝宝听，在模仿声音的同时，妈妈最好也可以模仿动物的动作，这样能够起到事半功倍的效果。

★0~12个月宝宝的语言发展

阶段1：0~2个月

宝宝会用不同的哭声表达感觉，可能是饿了、尿尿了，或是要人抱他；而当宝宝感到开心、舒服时，也会发出愉悦的声音。在语言发展历程中，哭声和愉悦声是很重要的第一步。

阶段2：2~3个月

宝宝进入探索发声时期，所谓探索发声是指当宝宝吃饱、睡足，呈现满足状态时，出现探索声音，发出“呵呵”声响的情形。到了3个月大左右，宝宝开始会发出一些元音，像是a、ya之类的声音。

阶段3：4~6个月

宝宝进入呀呀学语期，此时宝宝会发出“ba-ba、ma-ma”的声音。爸爸妈妈可能以为宝宝会叫“爸爸”或“妈妈”，但专家表示，事实上这只是宝宝在探索声音时，不小心发出来且无意义的声音，他并不知道这个声音代表什么意义，而是爸爸妈妈赋予这个声音意义而已，但宝宝也会由此得知，自己发出“ba-ba”的声音，原来是代表“爸爸”的意思。

阶段4：8~12个月

宝宝开始会模仿了，学习大人的音调、语气，有些宝宝在此阶段，会出现像疑问句的上扬音调，或命令句的语调，但因语汇还不够多，所以他讲出来的会是夹杂着乱语的语调。到9~10个月大时，宝宝对于声音的探索已有一定程度，开始进入胡言乱语时期，他可能会拿着车子，发出“叭叭、叭叭”的声音，又接着叽哩呱啦说了一堆大人听不懂的话。

动作能力

★粗大动作和精细动作

粗大动作

是指婴幼儿的肢体、躯干的动作，包括：坐、爬、站、走、跳、抬头与翻身等。因为这些动作对于婴幼儿来说比较复杂、困难，因此也称为大运动。

精细动作

特指婴幼儿手部的动作，包括手部尺侧、桡侧和手指功能的发育。

粗大动作的训练比之精细动作要难得多。

★第1个月宝宝粗大动作训练

第1个月内，宝宝身体十分弱小，身体刚刚开始发育，所以只能进行一些简单、轻巧的训练。

①抬头训练：包括竖抱抬头、俯腹抬头、俯卧抬头。

竖抱抬头：在给宝宝喂完奶以后，竖抱着宝宝使其头部靠在大人肩部，用空心掌轻轻拍打其背部，这时宝宝会自然抬头打嗝。此时大人不要扶住宝宝头部，让其自然抬头以锻炼颈部肌肉，每日重复4~5次即可。

俯腹抬头：在宝宝空腹时，将他放置在大人胸腹之上，使其自然俯卧在大人腹部，大人可以用双手给宝宝的脊部按摩，此时宝宝一定会非常开心地抬起头来。

俯卧抬头：在两次喂奶中间，让宝宝俯卧并抚摸他的背部，大人可上下晃动双手逗得宝宝抬头。

②四肢训练：包括体操运动和练习“走路”。

体操运动：这项训练可以在床上完成。此时可以播放一些轻快的音乐，大人握住宝宝的手或者脚跟着音乐的节奏做四肢运动，使其四肢得到充分的舒缓。

练“走路”：可以用双手托住宝宝的腋下，让其脚底接触床面，宝宝会自然地做出踏步的动作。

★第2个月宝宝粗大动作训练

第2个月时，宝宝要接着做抬头训练和四肢训练，此外，还要新增转头训练和爬行训练。转头训练可以训练宝宝的颈部张力。而爬行训练可以促进宝宝大脑发育，还能开发智力、激发情绪等，如果不及时训练，宝宝易得大脑统合失调症。

①转头训练：这个训练可以由爸爸妈妈合作完成。爸爸抱着宝宝，使他面向前方。妈妈站在宝宝面前左右晃动，呼唤宝宝的名字，逗得宝宝左右转动脑袋来寻找妈妈。

②爬行训练：将宝宝放置成俯卧状态，用手抵住宝宝脚底，此时宝宝会用全身的力量向前窜，这种初步的爬行运动也是幼儿与生俱来的本能，不过也需要训练。

★第3个月宝宝粗大动作训练

第3个月，宝宝还要继续进行前两个月的锻炼，要注意适当增加俯卧抬头的难度。

①俯卧抬头训练：尽量让宝宝俯卧，抬头时能稳定地挺立到45~90°。

②翻身训练：此种训练最好在两次喂奶之间进行，不然对宝宝的胃部发育不利。将宝宝以仰卧姿势平躺于床上，把宝宝的左腿放在右腿上，此时大人用左手握宝宝左手，拉着他进行翻身动作。继而用右手手指刺激小儿背部，使其主动向右翻身，呈俯

卧状。重复数次，到月末宝宝就会自己翻身啦。

★第4个月宝宝粗大动作训练

第4个月时，不仅前三个月的内容要继续训练，还要增加拉坐训练。翻身训练也要持续至能在俯卧位与侧卧位之间转换，并迅速发展到能自由地翻身。

①翻身训练：继续按照原来的方式训练，可以用玩具引诱幼儿翻身去取。

②拉坐训练：宝宝仰卧于床上时，大人握住他的手，将其拉坐起来。大人切忌过度用力，要让宝宝自己用力坐起来。每日训练数次，争取能做到宝宝坐起来时头能伸直，不向前倾。

★第5个月宝宝粗大动作训练

第5个月时，宝宝的抬头训练和翻身训练要继续进行，使其能更加熟练地进行这些动作。不过这时候爸爸妈妈又要有新任务咯，就是帮助宝宝进行直立训练和靠坐训练，能促进宝宝平衡感的协调发展。

①直立训练：两手扶着宝宝腋下，让其以直立的姿势站立在你的腿上，扶着宝宝跳动，每日数次。

②靠坐训练：将宝宝放在有靠背的沙发或者椅子上，让其练习靠坐，爸爸妈妈可以给予一定的支撑，支撑力量要逐渐减少，训练时间为每次10分钟左右即可。

★第6个月宝宝粗大动作训练

第6个月时，继续前面的练习，相信第一个月练习的内容宝宝已经很熟练了吧。在此基础上宝宝还要练习独坐、匍行和体操。体操训练是为了更好地将抬头、直立等动作做得更加熟练。

①独坐训练：独坐是在靠坐的基础上进行的。当宝宝靠坐较稳时，可慢慢抽离其支撑物，切记不可突然抽离。

②匍行训练：此项训练是在原来爬行的基础上进行的，原先只是在原地打转，而匍行是要向前爬行一段距离。大人可以用一只手抵住宝宝脚底，另一只手提起宝宝腹

部，使其不断往前爬行。

③体操训练：扶稳宝宝随着音乐练习站立，准备向前走，训练时间每次不宜超过1分钟。

★第7个月宝宝粗大动作训练

第7个月时，继续训练爬行、连续翻滚和体操。这些训练和最初的训练相比难度增加很多，不过相信宝宝很快就能熟练运用肢体。

①爬行训练：此时的爬行训练要尽量让宝宝的腹部离开床面，可以用一些玩具引诱幼儿爬行。在训练时，还可以用毛巾提起腹部，练习手膝的支撑力，为过渡到手足爬行作准备。

②翻滚训练：训练幼儿从俯卧到仰卧，再从仰卧转到俯卧，再从俯卧转到仰卧的过程。

③体操训练：体操训练最好在餐后一小时进行，在大人的帮助下练习上下肢的爬行、站立等动作。

★第8个月宝宝粗大动作训练

第8个月时，我们还要继续帮助宝宝进行爬行训练。因为爬行是大脑综合能力的训练，对宝宝的智力发育非常重要。此外，还要帮助宝宝进行拉物站起训练。

①爬行训练：和第7个月类似，坚持做即可。

②拉物站起训练：让宝宝仰卧在床上，自己坐在他的正对面，双手伸出，让宝宝拉住自己的双手站起来。这时候大人要注意，切勿用力拉扯幼儿，让孩子自己发力。

★第9个月宝宝粗大动作训练

第9个月时，宝宝训练的内容逐渐多了起来，包括花样爬行、帮助站立、坐起并迈步。

①花样爬行训练：由于之前几个月宝宝一直在练习爬行，很多动作都从不熟练到熟练了，所以现在你可以用他喜欢的玩具逗逗他，使其前后左右不停地爬来爬去。

②帮助站立训练：大人可以牵着小孩的一只手

让其站立，站立3~5分钟即可。期间可以用玩具逗宝宝，使其处于兴奋状态。

③坐起并迈步训练：在宝宝处于仰卧或俯卧状态时，示意其坐起，用玩具逗引他向前后移动。

★第10个月宝宝粗大动作训练

第10个月时，可以进行更加有难度的训练啦。扶行到独走、站起坐下，都是宝宝即将要学习的。

①扶行训练：可让宝宝扶住椅子或者推车迈步，这时大人要在一旁看守，以防宝宝没有走稳而摔倒。

②起坐训练：可以在宝宝坐立时用玩具或者零食逗引宝宝，使其能灵活做到站起和坐下，并且鼓励宝宝进行各种姿势多种体位的活动。

★第11个月宝宝粗大动作训练

第11个月时，要锻炼宝宝的协调能力，让宝宝进行舀水游戏，以锻炼宝宝的手眼协调性及空间关系的认知。家长可以让宝宝玩爬越障碍的游戏，这种游戏能增强宝宝爬行的熟练程度，还能锻炼智商和情商。

①舀水游戏：准备一个大塑料盆、一些塑料杯、碗及其他容器，让宝宝把水从盆里舀出来，再倒回去，再让宝宝用小杯子或小碗把水舀到大杯或大碗里。

②爬越障碍训练：11个月的宝宝已具备爬行技能及极强的攀高欲望，爸爸妈妈可以把家里的被子堆得高一些，让孩子爬行，宝宝应该会十分开心。

★第12个月宝宝粗大动作训练

在第12个月时，宝宝已经快要一周岁啦。这时候的宝宝已经能随意爬行，独自站立了。现在大人要做的就是训练孩子独走和蹦跳。

①独走训练：开始可以自大人之间学着走，因为大人可以随时搀扶，慢慢地，大人要

放开手让宝宝独立行走几步，还可以用拖拉玩具的方式刺激他独走的兴趣。

②蹦跳训练：宝宝可扶着床沿、沙发训练，大人可以给他喊口令或放音乐，让孩子跟着节奏蹦跳。

认知能力

★宝宝开始认识图形的年龄

10~12个月的宝宝已具备了一定的图形分别能力，可以开始教他认识一些简单的图形，如圆形、方形、三角形等，对于这些图形，孩子早就看出了它们的不同，但不能认识它们。

宝宝最常见的图形一般是几何图形和动物图形。研究表明，3岁儿童已经能够正确找出相同的几何图形。在辨别不同图形的活动中，幼儿最先掌握的是圆形，其次是正方形、长方形、三角形等。幼儿对大小的认知也较早就表现出来了，半岁前的婴儿已经具备辨别大小的初步能力。

★用积木教宝宝认识图形

1岁左右的宝宝在进行认识图形的训练时，积木是非常好的教具。

可预先准备几种形状的积木或纸板，大人说出每个图形的名称，让宝宝把相应的积木或纸板给你，如：“把圆形给妈妈”“给妈妈找一个三角形”等。等宝宝识别这些图形后，再教他说出每种图形的名称，如指着正方形问：“这是什么形状?”对于这些图形的设别，大人还可以在日常生活中结合实物来教宝宝识别，如看到球就告诉他：“这是圆形”。

★用镶嵌及镂空的玩具教宝宝认识图形

稍大一点的宝宝，还可以用一些镶嵌及镂空的玩具来学习，然后可以慢慢使用几何图形组。一般这个年龄的宝宝只能掌握一些简单的图形，对比较复杂的图形还不能很好地掌握，因此大人要有耐心，也不要要求太高，让宝宝从简单学起，循序渐进。

★图形认知可以多开展这几类活动

求同活动

求同活动是让宝宝根据盒子上的图形标记进行匹配活动，即将标记相同的图形放在一起。求同活动的材料要有层次，首先提供与标记完全相同的图形，然后再提供同类变式图形。

拼搭活动

拼搭活动是让宝宝用几何图形复制图纸上的物体，如照图纸拼出一艘船。提供给宝宝的几何图形，可以和图纸上的一样大小，也可以是按比例放大或缩小的图形，以增加复制的难度。

制作活动

制作活动既可以让宝宝给某类图形涂上指定的颜色，又可以让他在有几种图形的纸上剪下某一类图形，还可以让他用钉板勾出图纸上的几何图形。

★0~1岁宝宝认知能力发展

新生儿：对明暗和图案有视觉反应；对强光、声音反应灵敏。对不同的味道会有不同的反应；看新事物时会摒住呼吸。

1月：偏爱色彩鲜艳的物体；能立即注意在眼前晃动的玩具。当你对宝宝说话时他会两眼紧盯着你的眼睛，挥手蹬脚，甚至咿咿呀呀发出声音和微笑。

2月：能注视、追随移动物体；开始识别家庭成员；长时间观察手、脚；会不断重复能引起肢体快感的动作，如吮拇指和挥动手臂。

3月：喜欢听音乐和儿歌；能自言自语、经常咿呀不停；会出声地笑；对周围各种物品都感兴趣。

4月：能寻找声源；喜欢看电视；能摸、握、转、摇、咬某些东西，在桌边时很活跃；能认出熟悉的东西。

5月：会咯咯大笑；喜欢玩游戏，如藏猫猫；会发脾气。能区别自己和镜中的自我。

6月：能发出“baba”和“mama”等音节。害怕陌生人。注意力集中。

7月：会四处寻找不见的玩具；能辨别人的脸；会摆弄一个物体，如小木块等；认识某一身体部位。

8月：喜欢玩与人合作的游戏；会对别的宝宝抱有敌意；别的宝宝哭时他也会哭；会做拍手的游戏、再见等动作。

9月：除会说“爸爸”“妈妈”外，还会说别的一两个词；开始有性别差异；会把单个的物体与别的物体区别开来。

10月：对爸爸妈妈表示依恋之情，和爸爸妈妈一起看画书、找图片；将物体与其特性相联系，“喵”一声就代表猫，看见鸟，就朝上指；能听名称指物。

11~12月：反复练习他所知道的单词；爱看图画、念儿歌、听故事并模仿动作；会盖瓶盖；会指身体2~3个部位。

社交能力

★宝宝天生就有社交能力

年轻的爸爸妈妈们可曾注意，宝宝从生下来第一天起，就会睁着明亮的眼睛注视着你，身体贴近着你，这就是想跟你交流。

宝宝生下来就会看、听，有嗅觉、味觉、触觉、活动和模仿能力，这些便说明宝宝具备了与大人交往的能力。如果爸爸妈妈们从新生儿期能敏感地捕捉到新生儿给出的各种信号，比如：哭、表情、眼神等，并给予积极的回应，就可以促进宝宝交流能力的发展。

★建立宝宝与人相处的信任感

随着宝宝的发育，逐渐会以叽叽咕咕叫、咯咯笑、说话、挥舞小手等不同的方式跟你交流，爸爸妈妈不要忽视他的存在，关注宝宝的感情和兴趣，友善地、愉快地回应他，逐渐建立起宝宝与人相处的友好和信任感。

★耐心地尝试、慢慢接触陌生人

研究证明，3个月的婴儿见到成人的面孔，在脑中能形成清晰的影像，5~6月时，随着对面孔辨认的细致程度增加，对陌生人显出警觉和回避反应，对每天陪伴他、抚育他的妈妈更加偏爱。就是说会认人了，这是婴儿社会性的重大发展，也代表着宝宝感知、辨别和记忆力的提高。年轻的爸爸妈妈们要考虑到宝宝的生理特点，既不能强迫他跟生人接触，更不能让他回避生人。可以采取先接触家里人或经常在一起的亲朋好友，也就是说刚开始接触熟悉的面孔，然后逐渐接触更复杂的情景，逐渐扩大他的社交圈，想让宝宝完全摆脱怕生，接受所有陌生人需要一个很长的过程。

★0~1岁宝宝发展的主要社交能力

1月：可以分辨出物体和人，喜欢看正常人的面孔，当你看着他笑时，能够盯住你的脸看。

2月：微笑性质发生变化，从自发性微笑转变成社会性微笑，即对他笑时会回应一个微笑。

3月：对妈妈开始有“偏爱”，更加喜欢人们接近、俯视他们，报以微笑和快乐动作，跟他说话时有时会发出声音，这是他开始掌握谈话技能的标志。

4月：对周围的事物开始产生兴趣，自言自语，咿呀不停，对大人的话有反应，逗引时能笑出声音。

5月：开始认人，能认识妈妈，知道认生，不喜欢生人抱，对周围的人持选择态度，能听懂责备与赞扬的话，发出喃喃单音节。

6月：会发出不同声音，表示不同反应，对陌生人表现出惊奇、不快，把身体转向亲人。

7~8月：能模仿大人摇手表示再见，能辨别大人不同的态度、脸色和声音，并做出不同的反应。

9~10月：懂得一些词，建立言语与动作的联系，会拍手表示“欢迎”，摆手表示“再见”。

11~12月：会指认室内很多东西，会听大人的话拿东西，有些宝宝会有意识地叫爸爸、妈妈等。

生活自理能力

★宝宝会表达自我的需要

自理能力是指幼儿运用各种方法解决所遇问题的能力，既包括日常生活中的自我服务能力，也包括在游戏、学习和交往过程中自我决策、自我调整和自己解决困难的能力，它是一项综合能力。个人事务自理能力的形成，有助于培养孩子的责任感、自信心及处理问题的能力。

谁说宝宝只会被动地依赖妈妈？瞧，他们在用哭声、用面部表情和舞动的手脚述说饥饿、满足、痛苦和快乐，吸引妈妈为他们服务。这就是宝宝管理个人事务的最初手段。

刚初生的宝宝一切要靠爸爸妈妈，但他们是一个主动的人。他们想尽办法认识和控制这个世界及他们自己。他把脚放进嘴里，尝尝这是啥；更会用各种手段吸引爸爸妈妈以满足自己的需要。慢慢长大后，他们开始不满足让爸爸妈妈包办代替了。饿的时候，他会自己把奶瓶往上抬，让牛奶流快一点；吃饱了，他会把奶瓶推开。因为他觉得自己最明白自己的需要，他要自己做主。

★3月宝宝自理能力的训练

①开始培养定时定点大小便的习惯。

②注意培养良好的生活习惯，使生活有规律。

★4月宝宝自理能力的训练

①用勺喂米糊或鸡蛋黄，能张大口舔食。

②培养良好睡眠习惯，白天觉醒时间延长，晚上能睡大觉。

★5月宝宝自理能力的训练

给宝宝一块软的能攥住的饼干，笑着对他说：“宝宝吃饼干啦。”并帮他把饼干移到嘴边放入口中，让他将饼干咀嚼后咽下。

★6月宝宝自理能力的训练

继续练习让宝宝自己拿着东西吃，如饼干、虾酥条等。

★7月宝宝自理能力的训练

①训练宝宝从盛了水的杯中喝水。

②继续让宝宝多与同伴交往，帮助他克服怯生、焦虑的情绪，引导他正确地表达情感。与同伴玩，是宝宝学习语言、交际、能力、培养良好素质的重要途径。

③训练宝宝养成安静入睡、高兴洗脸的习惯，养成定时、定点大便的好习惯，学会蹲便盆，大便前出声或做出使劲的表示。

★8月宝宝自理能力的训练

在喂饭时，大人用一只勺子，让宝宝也拿另一只勺子，许可他用勺子插入碗中。此时，宝宝分不清勺子的凹面和凸面，往往盛不上食物，但是让他拿勺子使他对自己吃饭产生积极性，有利于学习自己吃饭，同时也促进了手眼脑的协调。

★9月宝宝自理能力的训练

①训练宝宝养成大小便坐盆的习惯。此时宝宝尚不能完全主动配合，可在宝宝有便意时定地点、定时引导、协助他坐盆。

②给宝宝穿衣服时要告诉他“伸手”“举手”“抬腿”等，让他用动作配合穿衣、穿裤。如果他还未听懂就去用手去示范协助。经常表扬他的合作，以后他就会主动伸臂入袖，伸腿穿裤。

★10月宝宝自理能力的训练

①鼓励宝宝自己捧杯喝水，由洒漏渐渐熟练到不洒漏，大人应放手让宝宝做。

②穿衣服时教宝宝配合，如穿上衣时知道把胳膊伸入袖内。

★11月宝宝自理能力的训练

①从小给宝宝一个固定的坐位，让他养成安定吃饭的好习惯。

②用一个玩具勺子在玩具碗内学习盛起小球、枣、药丸蜡壳等。有了这种练习，宝宝渐渐懂得用勺子的凹面将枣或小球盛入，放到另一个小碗内。这时要表扬宝宝“真能干”，为以后宝宝自己吃饭打好基础。

★12月宝宝自理能力的训练

①培养良好的大小便习惯，并逐渐懂得要求坐盆，如便前自己找盆坐下。

②让宝宝上桌和大人一起吃饭，不能由爸爸妈妈包办代替，只能帮助，因为上桌子同大人一起吃饭，会使宝宝快乐。能分享不同味道的食物，增进食欲。宝宝自我意识随之增强，无意中感到自己会吃东西了。

③会用手抓掉帽子，也会抓起帽子戴到头上，而且戴稳。宝宝的动作并不精细，半圆形的帽子可以戴好，毛绒帽子就不会拉正，需大人帮助。

Part 4

1~2岁，是宝宝脑发育的最快时期

1岁多的宝宝是大脑发育最快的时期，所以这个时期的宝宝几天不见面，你就会发现他身上已经发生了翻天覆地的变化呢！这个时期的宝宝最多的活动就是游戏了，爸爸妈妈不用担心宝宝没有学习，在起跑线上输给了其他宝宝。游戏是一种包含多种认知成分的复杂心理活动，是宝宝目前最佳的学习方式。所以这个时期，除了给宝宝提供丰富的营养之外，还应该给宝宝创造一个良好的环境，让宝宝的智力得到最快、最好的发展。

宝宝吃什么才能促进脑发育

南瓜

补脑原理

南瓜含有丰富的矿物质，以及人体必需的8种氨基酸和儿童必需的组氨酸、可溶性纤维、叶黄素和磷、钾、钙、镁、锌、硅等微量元素，能促进宝宝正常的生长发育，增强脑细胞的功能。

芹菜炖南瓜

原料：

南瓜200克，芹菜60克

调料：

盐2克，鸡粉3克，水淀粉、食用油各适量，蒜末、姜丝、葱末各少许

做法：①芹菜洗净，切段；南瓜洗净，去皮，切片；芹菜、南瓜焯水，备用。

②用油起锅，入蒜末、姜丝、葱末爆香，倒入南瓜和芹菜炒匀，加盐、鸡粉调味，倒入水淀粉勾芡即可。

南瓜拌饭

原料：

南瓜90克，芥菜叶60克，水发大米150克

调料：

盐少许

做法：①把南瓜去皮，洗净；芥菜洗净，切成粒。

②将大米倒入碗中，加入清水、南瓜，放入烧开的蒸锅中，蒸透后取出。

③汤锅中注水烧开，放入芥菜煮沸，放入蒸好的南瓜和大米拌匀，加盐调味。

④将煮好的食材盛出，装入碗中即可。

胡萝卜

补脑原理

胡萝卜营养丰富，含较多的胡萝卜素、碳水化合物、钙、镁、铁等营养物质，对人体具有多方面的保健功能。其中以胡萝卜素尤为丰富，有益肝明目、提高机体免疫力的功效。宝宝适量食用可增强体质，强化记忆。

苹果胡萝卜麦片粥

原料：

苹果150克，胡萝卜45克，麦片95克，牛奶200毫升

做法：①将胡萝卜去皮，洗净，切成丁；苹果去核、皮，洗净，切小块。

②砂锅中注水烧开，倒入胡萝卜、苹果拌匀，大火略煮，放入麦片搅匀，中火煮至熟软，撇去浮沫，倒入牛奶煮出香味。

③关火后盛出煮好的麦片粥，装入碗中即可食用。

胡萝卜炒蛋

原料：

胡萝卜100克，鸡蛋2个

调料：

盐4克，鸡粉2克，水淀粉、食用油各适量，葱花少许

做法：①将胡萝卜去皮，洗净，切成粒；鸡蛋打散调匀，备用。

②锅中注水烧开，放入盐，倒入胡萝卜粒焯煮至八成熟，捞出备用。

③把胡萝卜粒倒入蛋液中，加盐、鸡粉、水淀粉，撒入葱花拌匀。

④用油起锅，倒入调好的蛋液，翻炒至成型，盛出装盘即可。

白萝卜

补脑原理

白萝卜含有能诱导人体自身产生干扰素的多种微量元素，还富含维生素C、维生素A、植物蛋白、膳食纤维和叶酸，可促进消化、止咳化痰、下气宽中、缓解便秘。适量食用，可促进宝宝大脑的发育以及智力的发展。

白萝卜玉米瘦肉汤

原料：
白萝卜块、玉米段各150克，猪瘦肉100克，蜜枣15克，杏仁10克

调料：
盐2克，高汤适量

做法：①猪瘦肉洗净，切片；往锅中注水烧开，倒入瘦肉，煮约2分钟，汆去血水，捞出过一下冷水，装盘备用。
②砂锅中注入适量高汤烧开，倒入备好的玉米段、白萝卜块、瘦肉，放入蜜枣和杏仁搅拌匀。
③用大火烧开后转小火炖1～3小时至食材熟透，加入少许盐搅拌均匀即可。

白萝卜肉丝汤

原料：
白萝卜150克，猪瘦肉90克

调料：
盐2克，鸡粉2克，水淀粉、食用油各适量，姜丝、葱花各少许

做法：①白萝卜洗净去皮，切丝；瘦肉洗净，切丝，加盐、鸡粉、水淀粉、食用油抓匀，腌渍入味。
②用油起锅，入姜丝爆香，放入白萝卜丝炒匀，倒入清水，加盐、鸡粉调味，煮熟后放入肉丝搅散，煮至食材熟透。
③把煮好的汤料盛出，撒入葱花即可。

黄豆芽

补脑原理

黄豆芽含有丰富的维生素E，能保护皮肤和毛细血管，适量食用能维持宝宝皮肤健康。此外，黄豆芽还能补充身体所需要的钙、铁、维生素B_2等营养元素，有益智、护眼、排毒、防止贫血，以及促进宝宝成长的功效。

杏鲍菇黄豆芽蛏子汤

原料：

杏鲍菇100克，黄豆芽90克，蛏子400克

调料：

盐3克，鸡粉2克，食用油适量，姜片、葱花各少许

做法：①杏鲍菇洗净，切成片；黄豆芽、蛏子洗净，备用。

②用油起锅，入姜片爆香，加入黄豆芽炒匀，倒入杏鲍菇略炒，倒水煮沸，放入处理好的蛏子，煮片刻，加盐、鸡粉调味，用中火煮2分钟。

③把煮好的汤料盛出，撒上葱花即可。

虾仁炒豆芽

原料：

黄豆芽100克，虾仁85克，红椒丝、青椒丝各少许

调料：

盐3克，鸡粉2克，料酒10毫升，水淀粉、食用油、姜片各适量

做法：①黄豆芽去根洗净；虾仁，洗净，加盐、料酒、水淀粉、食用油，腌渍入味。

②油锅倒入虾仁、姜片炒香，入红椒丝、青椒丝、黄豆芽炒软，加入盐、鸡粉、料酒、水淀粉炒入味即可。

黑木耳

补脑原理

黑木耳营养丰富，除含有大量蛋白质、碳水化合物、钙、铁、膳食纤维、B族维生素、维生素C等人体所需的营养素之外，还含有卵磷脂、鞘磷脂等，宝宝适量食用黑木耳，不仅可促进胃肠道消化，还能促进宝宝大脑发育，提升记忆。

肉末木耳

原料：

肉末70克，水发黑木耳35克，胡萝卜40克

调料：

盐少许，生抽、高汤、食用油各适量

做法： ①将胡萝卜、水发黑木耳洗净，切成粒。

②用油起锅，倒入肉末搅松散，炒至转色，淋入生抽炒香，倒入胡萝卜、黑木耳炒香，倒入适量高汤炒匀，加盐调味。

③把炒好的材料盛出，装入碗中即可。

木耳丝瓜汤

原料：

水发黑木耳40克，玉米笋65克，丝瓜150克，瘦肉200克，胡萝卜片少许

调料：

盐3克，鸡粉3克，水淀粉2克，食用油、姜片、葱花各适量

做法： ①黑木耳、玉米笋洗净，切小块；丝瓜去皮洗净，切段；瘦肉洗净，切片，放盐、鸡粉、水淀粉、食用油拌匀，腌渍入味。

②锅中注水烧开，加油、姜片，放入黑木耳、丝瓜、胡萝卜、玉米笋煮熟，放盐、鸡粉调味，倒入肉片煮沸，撒葱花即可。

银耳

补脑原理

银耳含有碳水化合物及钙、钾、铁等多种矿物质，对宝宝有很好的补益效果，有补脾开胃、强身健脑的功效。其中还含有丰富的多糖类物质，能增强人体免疫力，加强白细胞的吞噬能力，还能增强脑部血流量，提高记忆力。

猕猴桃银耳羹

原料：

猕猴桃70克，水发银耳100克

调料：

冰糖20克，食粉适量

做法：①将泡发好的银耳去根，洗净，切小块；猕猴桃洗净去皮，切片。

②往锅中注水烧开，加入食粉，倒入银耳煮沸，焯煮好后捞出，备用。

③往砂锅中注水烧开，放入银耳，小火煮10分钟，放入猕猴桃拌匀，加入冰糖拌匀煮化。

④盛出煮好的甜汤，装入碗中即可。

银耳枸杞炒鸡蛋

原料：

水发银耳100克，鸡蛋3个，枸杞10克

调料：

盐3克，鸡粉2克，水淀粉14毫升，食用油适量，葱花少许

做法：①银耳洗净，去根，切小块，焯水；鸡蛋加盐、鸡粉、水淀粉，打散调匀。

②用油起锅，倒入蛋液炒熟盛出；锅底留油，倒入银耳、鸡蛋、枸杞炒匀，加入葱花，加盐、鸡粉调味，淋入水淀粉勾芡，快速炒匀即可。

豆腐

补脑原理

豆腐营养丰富，含有铁、钙、磷、镁和其他人体必需的多种微量元素，还含有碳水化合物、植物油和丰富的优质蛋白，且营养易于消化吸收，对人体有很好的滋补效果。其中所含的卵磷脂也十分丰富，宝宝经常食用有健脑益智的功效。

豆腐牛肉羹

原料：

牛肉90克，豆腐80克，鸡蛋1个，鲜香菇30克

调料：

盐少许，料酒3毫升，水淀粉、食用油各适量，姜末、葱花各少许

做法：①豆腐洗净，切丁；香菇洗净，切成粒；牛肉洗净，剁成肉末；鸡蛋打散调匀。

②豆腐、香菇焯水，捞出备用。

③油锅入姜末爆香，倒入牛肉粒，淋料酒炒香，加水煮沸，倒入豆腐和香菇，加盐煮熟，倒入水淀粉、蛋液，撒葱花即可。

鱼泥西红柿豆腐

原料：

豆腐130克，西红柿60克，草鱼肉60克

调料：

番茄酱10克，白糖6克，姜末、蒜末、葱花各少许

做法：①豆腐洗净，剁成泥状；草鱼肉洗净，切成丁；西红柿洗净，去蒂。

②烧开蒸锅，放入鱼肉、西红柿蒸熟，取出鱼肉剁成泥，西红柿去皮剁碎。

③油锅入姜末、蒜末爆香，倒入鱼肉泥拌炒，倒入豆腐泥，加入番茄酱、清水，下西红柿炒匀，放入白糖、葱花炒匀即可。

三文鱼

补脑原理

三文鱼所含的ω－3脂肪酸是脑部、视网膜及神经系统必不可少的物质，有增强脑功能、预防视力减退等功效。其中的DHA是大脑的主要组成部分，EPA则能提高人体细胞的再生能力，增强免疫能力。适量食用对宝宝的生长发育有很大的好处。

三文鱼金针菇卷

原料：
三文鱼160克，金针菇65克，芥菜叶50克，蛋清30克

调料：
盐3克，胡椒粉2克，生粉、食用油各适量

做法：①芥菜洗净，去根；蛋清加生粉搅匀，制成蛋液；处理干净的三文鱼切薄片，加盐、胡椒粉搅匀，腌渍入味。
②芥菜放入开水锅，焯熟，捞出摆盘。
③铺平鱼肉片，抹上蛋液，放入金针菇卷成卷，用蛋液封口，制成数个鱼卷生坯。
④煎锅置于火上，淋食用油，放入鱼卷煎至熟透，盛出鱼卷，摆放在芥菜上即可。

蔬菜三文鱼粥

原料：
三文鱼120克，胡萝卜50克，芹菜20克，大米200克

调料：
盐3克，鸡粉3克，水淀粉3克，食用油适量

做法：①将芹菜洗净，切成粒；胡萝卜去皮，洗净，切成粒；大米洗净。
②将三文鱼洗净，切成片，放入盐、鸡粉、水淀粉拌匀，腌渍入味。
③砂锅注水烧开，倒入大米，加食用油拌匀，慢火煲至大米熟透，倒入胡萝卜粒，慢火煮烂，加入三文鱼、芹菜煮沸，加盐、鸡粉调味即可。

金枪鱼

补脑原理

金枪鱼含有丰富的卵磷脂，是人脑中神经递质的重要来源，可增强人的记忆、思维和分析能力。同时，还能为人体提供优质蛋白质和钙质，对大脑和眼睛的正常发育都有帮助。金枪鱼是极佳的健脑食品，经常食用有益于宝宝智力的发展。

金枪鱼蔬菜小米粥

原料：
金枪鱼肉60克，水发大米100克，水发小米80克，胡萝卜丁55克，玉米粒40克，豌豆60克

调料：
盐2克

做法：①将大米、小米、玉米、豌豆洗净；往砂锅中注入适量清水烧热，倒入备好的小米、大米、玉米粒、豌豆，放入胡萝卜、金枪鱼，拌匀。
②烧开后用小火煮约30分钟至食材熟透，揭开盖，加盐搅拌匀，至食材入味。
③关火后盛出煮好的粥即可。

金枪鱼丸子汤

原料：
金枪鱼50克，胡萝卜60克，白萝卜90克，鸡蛋1个，面粉90克，白芝麻30克

调料：
盐、鸡粉各2克，葱花少许

做法：①胡萝卜、白萝卜洗净去皮，切粒；金枪鱼洗净，切粒；鸡蛋搅散，制成蛋液。
②将胡萝卜、白萝卜、金枪鱼倒入白芝麻、面粉、蛋液拌匀，撒上葱花搅呈糊状。
③将面糊做成数个丸子，入开水锅煮熟，加盐、鸡粉调味，撒上葱花即可。

墨鱼

补脑原理

墨鱼是一种高蛋白、低脂肪的滋补佳品，有修复机体组织、维持人体正常生长代谢、提供热能的作用。其还富含锌元素，能促进细胞的的分化和生长，对宝宝大脑的发育、免疫功能以及视觉发育有很重要的作用。

沙茶墨鱼面

原料：

油面170克，墨鱼肉、黄瓜、胡萝卜各50克

调料：

沙茶酱12克，生抽5毫升，水淀粉、食用油各适量，柴鱼片汤、红椒圈、蒜末各适量

做法：①胡萝卜、黄瓜洗净，切片；墨鱼肉洗净，切块，汆水；油面入开水锅煮熟。②油锅入蒜末爆香，倒墨鱼、沙茶酱炒匀，加柴鱼片汤、胡萝卜、红椒圈煮沸，用水淀粉勾芡后加生抽制汤料，倒入油面碗中，撒上黄瓜片即可。

海藻墨鱼汤

原料：

墨鱼肉75克，水发海藻40克，水发海带丝60克，猪瘦肉80克

调料：

盐、鸡粉各2克，料酒7毫升，姜片、葱段各少许

做法：①将瘦肉洗净，切小块；墨鱼肉洗净，切片。
②将瘦肉、墨鱼汆水，捞出备用。
③砂锅中注水烧开，倒入汆过水的材料，撒上姜片、葱段，淋入料酒，煮至食材变软，放入洗净的海藻、海带丝，续煮至食材熟透，加盐、鸡粉调味即可。

鳝鱼

补脑原理

鳝鱼富含DHA、卵磷脂以及维生素A，其中DHA和卵磷脂是构成人体各器官组织细胞膜的主要成分，而且是脑细胞不可缺少的营养，对宝宝的脑部发育大有裨益。其中维生素A，能维持宝宝视力和皮肤的正常功能。

鳝鱼羹面

原料：

油面170克，鳝鱼肉50克，洋葱丝20克，蒜苗段30克，胡萝卜片40克

调料：

豆瓣酱、鸡粉、料酒、食用油各适量，蒜末少许，柴鱼片汤500毫升

做法： ①鳝鱼肉洗净，切花刀，改切片；油面入开水锅，煮熟捞出。

②油锅入蒜末爆香，倒入鳝鱼片，加料酒炒香，倒蒜苗、洋葱、胡萝卜，加豆瓣酱炒香，倒柴鱼片汤煮沸，加鸡粉调成汤料，倒入油面碗中即可。

薏米鳝鱼汤

原料：

鳝鱼120克，水发薏米65克

调料：

盐3克，鸡粉3克，料酒3毫升，姜片少许

做法： ①将处理干净的鳝鱼切小块，加盐、鸡粉、料酒抓匀，腌渍入味；薏米洗净。

②汤锅中注水烧开，放入洗好的薏米搅匀，烧开后用小火煮至薏米熟软，放入鳝鱼搅匀，再加入少许姜片，用小火续煮至食材熟烂，放入盐、鸡粉调味。

③将煮好的粥盛出，装入碗中即可。

蛤蜊

补脑原理

蛤蜊味道鲜美，是高蛋白、低脂肪、高矿物质的食物代表。其含有丰富的硒、钙、铁和牛磺酸等，不仅可促进宝宝骨骼和牙齿的发育，还能增加宝宝脑部血流量，对增强大脑细胞功能、提升记忆均有很重要的作用。

枸杞叶蛤蜊粥

原料：

鲜枸杞叶15克，蛤蜊肉15克，大米250克

调料：

盐、鸡粉各1克

做法：①将枸杞叶、大米、蛤蜊肉洗净；往砂锅中注入适量清水烧热，倒入大米，盖上盖，用大火煮开后转小火煮40分钟至大米熟软。

②揭盖，倒入蛤蜊肉、枸杞叶拌匀，盖上盖，用小火煮15分钟，至食材熟透。

③揭盖，加入少许盐、鸡粉，拌匀调味，关火后盛出煮好的粥，装入碗中即可。

冬瓜蛤蜊汤

原料：

蛤蜊250克，冬瓜50克

调料：

盐5克，料酒5毫升，香油少许，姜片10克

做法：①将冬瓜清洗干净，去皮，切丁块状。

②将蛤蜊清洗干净，用淡盐水浸泡1小时捞出沥水备用。

③将蛤蜊、姜片、冬瓜入锅，加盐、料酒，大火煮至蛤蜊开壳后关火，去掉泡沫，淋香油即可。

小米

补脑原理

小米含有较丰富的蛋白质、碳水化合物、脂肪、钙、铁、维生素B_1等营养成分，素有“健脑主食”之称，有健脾养胃、补血健脑、补充能量等功效。其蛋白质中含较多的色氨酸和蛋氨酸，经常食用有益于大脑的保健。

紫薯桂圆小米粥

原料：
紫薯200克，桂圆肉30克，水发小米150克

做法：①将紫薯洗净去皮，切成丁；小米、桂圆肉洗净，备用。
②往砂锅中注入适量清水烧开，倒入洗净的小米、桂圆肉拌匀，用小火煮约30分钟，放入紫薯拌匀，用小火续煮20分钟至食材熟透。
③关火后盛出煮好的粥，装入碗中即可。

花生小米糊

原料：
花生50克，小米85克

调料：
食粉少许

做法：①将小米洗净；锅中倒水，加入食粉，倒入花生煮熟，捞出去掉红衣压碎，装入碟中备用。
②取榨汁机，把花生倒入杯中磨成末，倒入盘中待用。
③汤锅中注水烧开，倒入洗好的小米拌匀，转小火煮30分钟至小米熟烂，倒入花生末拌匀，煮至沸腾。
④把煮好的米糊盛出，装入碗中即可。

糙米

补脑原理

糙米含有丰富的B族维生素、碳水化合物、脂肪、膳食纤维及多种氨基酸，能为人体提供能量，促进机体的新陈代谢及消化吸收。糙米中丰富的B族维生素以及钙、磷等多种矿物质，有助于增强认知能力，健脑益智。

糙米牛肉粥

原料：
水发米碎、糙米碎各60克，牛肉末55克，白菜、雪梨各60克，洋葱30克，芝麻少许

调料：
芝麻油适量

做法：①白菜洗净，切碎；洋葱洗净，切粒；雪梨洗净去皮，去核，切成末；牛肉末放洋葱、雪梨、芝麻、芝麻油，腌渍备用。
②砂锅置于火上，倒入芝麻油，倒入牛肉炒香，注水，放入米碎拌匀煮熟，倒入糙米碎、白菜拌匀，用小火续煮至熟。
③关火后盛出煮好的牛肉粥即可。

糙米豆浆

原料：
水发黄豆70克，水发糙米35克

调料：
冰糖适量

做法：①将黄豆、糙米洗净，沥干水分。
②将洗好的食材倒入豆浆机中，加入适量冰糖，注水至水位线即可，盖上豆浆机机头，选择“五谷”程序，再选择“开始”键，开始打浆。
③待豆浆机运转约20分钟，滤取豆浆，待稍微放凉后即可饮用。

玉米

补脑原理

玉米胚中富含亚油酸等多种不饱和脂肪酸以及丰富的膳食纤维和矿物质，有保护脑血管、促进消化吸收、促进新陈代谢等作用。尤其是玉米中含谷氨酸较高，能帮助促进脑细胞代谢。宝宝常吃些玉米尤其是鲜玉米，具有健脑作用。

玉米碎肉粥

原料：

大米10克，玉米粒、猪瘦肉各50克

调料：

盐少许

做法：①大米洗净，加水浸泡10分钟；玉米粒洗净；猪瘦肉洗净，剁碎。

②往锅中注入适量清水，烧开后放入大米、玉米粒和猪瘦肉。

③待食材煮稠成粥后，加少许盐调味，盛碗即可。

牛奶玉米汁

原料：

玉米粒200克，牛奶100毫升

调料：

白糖少许

做法：①将玉米洗净。

②将牛奶和洗净的玉米倒入豆浆机中，按“米浆”即可。

③待玉米牛奶汁制作好后，倒入碗中加少许白糖调味即可。

莲子

补脑原理

莲子营养十分丰富，除含有大量淀粉外，还含有β－谷甾醇、生物碱及丰富的钙、磷、铁等矿物质和维生素，具有清心醒脾、补脾止泻的功效。宝宝适量食用，不仅能补益脾肺、安神助眠，还能补脑补心、增强记忆。

鲜莲子蛋茶

原料：

鲜莲子80克，鸡蛋1个

调料：

冰糖少许

做法：①将莲子洗净；往砂锅中注入适量清水，倒入洗好的莲子，盖上盖，煮约20分钟至其熟软。

②揭盖，将鸡蛋打在勺中，放入锅中煮至荷包蛋成形后取出勺子，倒入冰糖拌匀，煮至溶化。

③关火后盛出煮好的甜汤，装入碗中即可食用。

红薯莲子粥

原料：

红薯80克，水发莲子70克，水发大米160克

做法：①将泡好的莲子去芯，清洗干净；红薯洗净去皮，切丁；大米洗净。

②砂锅中注水烧开，放入去芯的莲子，倒入泡好的大米搅匀，盖上盖，烧开后用小火煮约30分钟，至食材熟软。

③揭盖，放入红薯丁拌匀，盖上盖，用小火煮15分钟至食材熟烂，揭盖，将锅中食材搅拌均匀。

④将煮好的粥盛出，装入碗中即可。

红豆

补脑原理

红豆含有大量碳水化合物、维生素E、维生素A、B族维生素、铁、锌等营养成分，能够补充宝宝身体所需的营养，提高宝宝的免疫力。其中铁的含量尤为丰富，有促进血液循环、增强免疫力的功效，可促进宝宝大脑的发育。

西红柿红豆汤

原料：

西红柿50克，紫薯60克，胡萝卜80克，洋葱60克，芹菜40克，熟红豆180克

调料：

盐2克，鸡粉2克，食用油适量

做法：①西红柿、芹菜洗净，切成丁；洋葱、胡萝卜、紫薯洗净，切成粒。

②用油起锅，入洋葱炒香，倒入紫薯、芹菜、西红柿、胡萝卜炒匀，加入熟红豆，倒入清水拌匀，放盐、鸡粉调味，用中火煮至食材熟透。

③将锅中汤料盛入碗中即可。

红豆牛奶汤

原料：

红豆15克，低脂鲜奶190毫升

调料：

冰糖10克

做法：①红豆洗净，浸泡一夜。

②红豆放入锅中，开中火煮约30分钟，熄火后再焖煮约30分钟。

③将红豆、冰糖、低脂鲜奶放入碗中，搅拌混合均匀即可食用。

红枣

补脑原理

红枣含有蛋白质、脂肪、碳水化合物、有机酸、维生素A、维生素C以及多种矿物质等营养成分，经常食用能增强体质、提高机体免疫力，从而起到养血安神、健脾和胃、健脑益智的功效。

红枣芋头汤

原料：
去皮芋头250克，红枣20克

调料：
冰糖20克

做法：①芋头洗净，切厚片，切粗条，改切成丁；红枣洗净。
②往砂锅注水烧开，倒入切好的芋头，放入洗好的红枣，加盖，用大火煮开后转小火续煮15分钟至食材熟软。
③揭盖，倒入冰糖，搅拌至溶化。
④关火后盛出煮好的甜品汤，装碗即可。

红枣大米粥

原料：
水发大米120克，红枣25克

做法：①将大米搓洗干净；红枣洗净，切开去核。
②砂锅中注入适量清水烧开，倒入洗净的红枣，再加入大米搅拌均匀。
③盖上盖，用小火煮约30分钟至食材熟透，揭盖，用勺轻轻搅拌。
④关火后盛出煮好的粥，装入碗中即可。

松仁

补脑原理

松仁所含的不饱和脂肪酸具有增强脑细胞代谢、维护脑细胞功能和神经功能的作用。其中谷氨酸、磷、锰、铁、钾和维生素D含量也很高，宝宝适量食用不仅可增强记忆力，对大脑和神经都有很好的补益作用。

松仁玉米粥

原料：
玉米碎100克，松仁10克，红枣20克

调料：
盐2克

做法：①将红枣洗净；往砂锅中注水烧开，放入洗好的红枣，转中火倒入玉米碎拌匀，盖上锅盖，烧开后用小火煮30分钟。
②揭开锅盖，放入松仁，再盖上盖，续煮10分钟至食材熟透，揭开锅盖，放入适量盐调味。
③起锅，将做好的松仁玉米粥装入碗中即可。

松仁胡萝卜丝

原料：
胡萝卜150克，松仁50克

调料：
食用油、盐各适量，蒜末少许

做法：①胡萝卜洗净，去皮，切丝。
②往锅中注入适量清水，放入少许食用油、盐，加入胡萝卜丝拌匀，煮至八分熟，捞出沥干水分，待用。
③热锅注油烧热，加入蒜末爆香，倒入胡萝卜丝炒匀，加入适量盐调味。
④关火，盛出炒好的胡萝卜丝，撒上松仁即可。

荔枝

补脑原理

荔枝含有丰富的碳水化合物、蛋白质、多种维生素和钙、磷、镁、铁等矿物质，其中以铁元素及维生素C尤为丰富，铁元素能提高血红蛋白的含量，宝宝适量食用有助于增强机体免疫功能，提高抗病能力，预防贫血，提神健脑。

香酥荔枝肉丸

原料：

荔枝160克，肉末75克，鸡蛋1个，面包糠适量

调料：

盐、鸡粉各2克，料酒3毫升，生抽4毫升，生粉、水淀粉、食用油各适量，姜末、葱花各少许

做法：①荔枝去皮，去核；肉末撒上姜末、葱花，加料酒、生抽、盐、鸡粉、水淀粉拌匀，制肉馅；碗中放生粉、鸡蛋、清水，制成蛋糊。

②往荔枝肉内加肉馅包好，依次滚上蛋糊、面包糠，制成肉丸，入油锅炸熟即可。

荔枝西红柿炒丝瓜

原料：

荔枝肉110克，西红柿60克，丝瓜130克

调料：

盐、鸡粉各2克，白糖少许，水淀粉、橄榄油各适量

做法：①将西红柿洗净，切小块；丝瓜去皮洗净，切滚刀块。

②锅置火上，淋入橄榄油烧热，倒入丝瓜块炒软，放入西红柿炒香，加盐、白糖、鸡粉，倒入水淀粉，炒至食材入味，放入荔枝肉炒香。

③关火后盛出菜肴，装入盘中即可。

葡萄

补脑原理

葡萄营养丰富，味甜可口，主要含有葡萄糖，极易被人体吸收和利用，同时还富含有机酸、氨基酸及多种维生素和矿物质，可补益和兴奋大脑神经，对缓解疲劳、改善贫血、培固记忆和补益大脑均有一定的效果。

香蕉葡萄汁

原料：

香蕉150克，葡萄120克

做法： ①香蕉去皮，果肉切成小块；葡萄洗净备用。

②取榨汁机，选择“搅拌”刀座组合键，将洗好的葡萄倒入搅拌杯中，加入切好的香蕉，倒入适量纯净水，盖上盖，选择“榨汁”功能，榨取果汁。

③揭开盖，将果汁倒入杯中即可。

火龙果葡萄汁

原料：

火龙果100克，葡萄100克

做法： ①火龙果去皮，把果肉切成小块；葡萄去皮，去籽，切成小瓣。

②取榨汁机，放入准备好的火龙果、葡萄，加入适量清水，选择榨汁功能，榨取果汁。

③断电，将榨好的果汁倒出即可。

草莓

补脑原理

草莓营养丰富，含有大量的碳水化合物、蛋白质、有机酸、果胶等营养物质。此外，丰富的维生素、矿物质是人体生长发育所必需的，还能促进大脑细胞的活力和再生。

草莓土豆泥

原料：

草莓35克，土豆170克，牛奶50毫升

调料：

黄油、奶酪各适量

做法：①将土豆洗净去皮，切薄片，装入盘中；草莓去蒂，洗净，剁成泥，备用。

②蒸锅注水烧开，放入土豆片，土豆片上放入黄油，用中火蒸10分钟。

③取出蒸好的食材，放凉捣成泥状，放入奶酪拌匀，注入牛奶搅匀。

④取一个小碗，盛入拌好的材料，点缀上草莓泥即可。

草莓苹果沙拉

原料：

草莓90克，苹果90克

调料：

沙拉酱10克

做法：①将草莓去蒂，洗净，切成小块；苹果洗净，去核，切成瓣，再切成小块，备用。

②把切好的食材装入碗中，加入适量沙拉酱搅拌至其入味。

③将拌好的水果沙拉盛出，装入盘中即可食用。

菠萝

补脑原理

菠萝含有蛋白质、碳水化合物、膳食纤维以及多种维生素和矿物质，有健胃消食、增强免疫力、促进血液循环的功效。其富含的维生素C和微量元素锰，常吃可生津、提神，有人称它是能够提高人记忆力的水果。

糖醋菠萝藕丁

原料：
莲藕100克，菠萝肉150克，豌豆30克，枸杞少许

调料：
盐2克，白糖6克，番茄酱25克，食用油、蒜末、葱花各适量

做法：①处理好的菠萝肉、莲藕切成丁。
②往锅中注水烧开，加入食用油，倒入藕丁、盐，氽煮半分钟，倒入豌豆、菠萝丁煮至断生，捞出备用。
③用油起锅，入蒜末爆香，倒入焯过水的食材炒匀，加白糖、番茄酱炒入味，撒入枸杞、葱花炒香即可。

花菜菠萝稀粥

原料：
菠萝肉160克，花菜120克，水发大米85克

做法：①将菠萝肉洗净，切小丁块；花菜洗净，去根，切小朵，备用。
②往砂锅中注水烧开，倒入洗净的大米拌匀，烧开后用小火煮30分钟，倒入花菜拌匀，用小火续煮10分钟，倒入菠萝，用小火续煮3分钟。
③关火后盛出煮好的稀粥即可。

水蜜桃

补脑原理

水蜜桃含有丰富的B族维生素、维生素E，能保护皮肤、神经和肠胃，促进人体生长发育。其还含有人体所必需的多种矿物质如钾、钠、钙、磷、铁，能促进骨骼生长，维持细胞活力，补脑益智。

水蜜桃酸奶

原料：

水蜜桃120克，酸奶80克

调料：

白糖少许

做法：①水蜜桃洗净，切取果肉，改切成小块。

②将切好的水蜜桃放入榨汁机，选择搅拌刀座组合，倒入酸奶、撒少许白糖。

③盖好，启动榨汁机，榨取果汁。

④将果汁倒入干净杯子，即可享用。

玉米焦糖拌双桃

原料：

玉米粒40克，水蜜桃肉65克，核桃仁25克，酸奶20克

调料：

盐2克，白糖少许，食用油适量

做法：①将水蜜桃肉洗净，切小瓣；锅中注水烧开，倒入玉米粒焯煮断生。

②热锅注油烧热，倒入核桃仁，待炸出香味，呈金黄色后捞出，沥干油待用。

③取碗，倒入核桃仁、玉米粒，加盐、白糖，快速搅拌至糖分溶化。

④另取一盘，放入水蜜桃肉摆整齐，盛入拌好的材料，最后浇上备好的酸奶即可。

应该进行哪些益智游戏

1岁~1岁3个月益智游戏

大家一起来唱歌

游戏准备：歌曲。

方法步骤：

①当宝宝散步或者穿衣服的时候，妈妈可以教宝宝跟你一起唱歌，不管是儿歌还是自己随便编的歌曲，只要宝宝唱得高兴就可以。

②开始时宝宝比较害羞，更多的可能只是倾听，然后会随着妈妈发出的一些简单的音蹦出了单个的字，多多练习之后很快宝宝就能跟着唱出简单的词句来了。

③对于宝宝想要自己单独能唱的歌，妈妈最好选择歌词简短、词曲重复的歌。歌词的意思无所谓，只要朗朗上口，宝宝喜欢就行。

④当宝宝唱的不好时，千万不能嘲笑宝宝。宝宝能独立唱歌之后，可以全家人一起陪宝宝大合唱。

培养技能：

训练宝宝开口唱歌，不仅能促进宝宝的呼吸以及肺部的发育，还能促使宝宝姿势和形体动作的协调性，提高宝宝对声乐艺术的欣赏能力。

亲子互动

给宝宝选的歌曲只要旋律和歌词简单即可，最好能激起宝宝的兴趣。例如：《小燕子》《世上只有妈妈好》《小兔子乖乖》《卖报歌》《数鸭子》等，这些歌不仅曲调活泼，歌词也是朗朗上口的，非常适合宝宝和家人一起唱哦！

听口令做运动

游戏准备：地垫。

方法步骤：

宝宝在地垫上翻滚玩耍时，妈妈可以跟着宝宝一起，并用语言叙述宝宝的动作，如“翻跟斗”“你会倒立”等。

妈妈也可以教宝宝一些新的动作，如：

①踮起脚尖，双手举高。嘴巴上说：“站得高高的。”

②站好，头弯向膝盖处，说：“弯腰。”

③在草地上或者地毯上翻滚时，就可以说：“翻滚。”

每示范一个动作，妈妈都要大声来，如“把手举起来”“弯腰”等。

培养技能：

学习相关的词汇，让宝宝学会与人协作配合的能力。

好玩的积木

游戏准备：各种颜色的积木。

方法步骤：

①妈妈可以挑选形状、颜色各异的一些积木，然后和宝宝一起进行分类匹配游戏。

②妈妈首先按照颜色将积木分类，接着按照积木的形状分类，教宝宝认识各种颜色和形状。

③妈妈可以将相同颜色积木摆成一排，让宝宝数数是几个，再看看各种颜色积木是否“一样多”。

培养技能：

按颜色和形状分类，引导宝宝学习颜色、数字，并形成分类、集合的概念。

睡前脱衣服

游戏准备： 宝宝的衣服、鞋袜。

方法步骤：

①晚上睡觉前准备一段充裕的时间，从容地协助宝宝自己脱衣服、鞋袜。

②宝宝通常会对自己的鞋子比较感兴趣，妈妈可以先教宝宝脱鞋子。首先松开宝宝的鞋带，接着脱掉脚后跟，最后让宝宝脱掉前半部，袜子也用相同的方法脱掉。宝宝可以把自己的鞋袜脱掉之后，妈妈要鼓励和夸奖宝宝。

③如果宝宝可能想自己脱掉上衣，那么妈妈要先帮他解开扣子，帮宝宝褪掉一边的袖子，再教宝宝怎样抓住另一只袖子，如何把衣服脱掉。

④妈妈在帮宝宝脱裤子时，可以先帮宝宝把裤子脱到膝盖，剩下的部分让宝宝尝试着自己来脱。

培养技能：

训练宝宝的生活自理能力。

亲子互动

这个游戏算是早期的数学教育了，它可以促进宝宝思维和认知能力的发展。因此，爸爸妈妈应学会运用恰当的方法来引导宝宝学习，是十分重要的。

投球进篮

游戏准备： 小皮球、大筐子。

方法步骤：

①妈妈先为宝宝准备好一个球，球最好有触摸感，握着的时候不易掉落。

②根据宝宝的身高设置篮筐的高度，一般以宝宝举起的高度为宜。

③在投篮的过程中，妈妈可以指导宝宝双手握球，双臂举起来，过肩过头，让宝宝朝着网里用力投。

培养技能：

锻炼宝宝双臂的力量，训练宝宝的运动协调能力；增强宝宝手与上肢的运动能力；增强视觉，培养投球时的方向感；让宝宝养成爱运动的习惯。

1岁4个月～1岁6个月益智游戏

分出不一样

游戏准备：大皮球、小皮球。

方法步骤：

①在地毯上放3样东西，其中2样是相同的，可以放两个相同的大皮球，另一样则是完全不同的，可以再放一个小皮球。

②在宝宝把玩这些东西的时候，妈妈可以拿起其中一样，然后给他描述东西的大小、颜色，并告诉他哪两样是一样的。然后拿着其中一个大皮球，对他说："还有一个一样的皮球在哪里呢？"

③如果宝宝选对了，妈妈要表扬。如果宝宝选错了，要告诉他："你选的这个跟妈妈手上的不一样呢。你再好好看看，要找到一样的才行哦。"

④做几天分出不一样的游戏之后，妈妈可以变个花样来分辨不同。让宝宝辨别颜色异同时，3样东西的形状和大小应当相同；当宝宝辨别形状时，三样东西的颜色和大小应当相同。尽量避免将宝宝弄混淆。

培养技能：

教宝宝按照物品本身的特点，观察物体直接的差异，帮助宝宝识别东西。

画个红彤彤的太阳

游戏准备：一盒水彩笔、几张白纸、一幅太阳挂画。

方法步骤：

①妈妈先帮宝宝准备好水彩和白纸、太阳挂画，让宝宝说出太阳的形状和颜色。

②妈妈拿水彩笔在白纸上画一个圆，然后鼓励宝宝像妈妈一样做。

③如果宝宝还不会握笔，妈妈可以先握着宝宝的小手，在纸上画圈，再让宝宝自己画。

④妈妈帮助宝宝完成太阳图画，涂上鲜亮的红色，然后和宝宝一起欣赏，并夸一夸宝宝。

培养技能：

培养宝宝感受线条、色彩、形状，培养美感，让宝宝体会美、欣赏美，提高眼手协调能力和审美水平。

亲子互动

让宝宝信手涂鸦是发展宝宝想象力的良好途径，更是培养宝宝逻辑思维的好方法。因此，妈妈面对宝宝的涂鸦游戏，不管他涂画得如何，都不要批评他，也不要过早给他灌输绘画的技巧和规则，而应给予鼓励和嘉奖。

唱唱数字小歌谣

游戏准备：数字歌谣的卡片。

方法步骤：

①首先妈妈可以将0～9十个数字，用宝宝熟悉的曲调唱歌他听。

②妈妈可以边唱歌边拍手，这样既能吸引宝宝的注意力，又能培养宝宝的节奏感。

③当宝宝稍大一点之后，妈妈可以唱一些关于数字的儿歌，曲调尽量欢快。妈妈可以自己唱一句之后，让宝宝跟着唱一句。下面推荐一首好听易学的数字儿歌：

“1像铅笔细又长，2像鸭子水上漂，3像耳朵听声音，4像小旗迎风飘，5像衣钩挂衣帽，6像豆芽咧嘴笑，7像镰刀割青草，8像麻花拧一道，9像勺子能盛饭，0像鸡蛋做蛋糕。”

培养技能：

通过歌谣的形式，教宝宝练习数数，培养宝宝对数字的认知力。

1岁7个月～1岁9个月益智游戏

完整的五官

游戏准备：大圆形硬纸板、小圆形纸片。

方法步骤：

①妈妈给宝宝准备一个大圆形的硬纸板，再给宝宝一些画有五官的小圆形纸片。

②妈妈指着最大的圆纸说：“这张纸就好像是宝宝的脸。那宝宝的脸上都有些什么呢？”如果宝宝不会用小圆形纸片当眼睛，妈妈可以在一边提醒他。

③妈妈可以用引导性的话语来提醒宝宝，如“宝宝用什么来吃饭呢？”。

④妈妈和宝宝谈谈脸上的各个器官，给宝宝一面镜子照一照，告诉他眼睛长鼻子上面、鼻子长在正中间。切记不要动手去改变宝宝排好的五官脸谱。

培养技能：

在游戏中培养宝宝的自我意识，进一步认识自我。

模仿动物行走

游戏准备： 动物卡片、动物行走的光盘。

方法步骤：

①将事先准备好的动物卡片给宝宝看，如踮起脚的猫咪、摇尾巴的小狗、小心翼翼的老鼠、摇摇摆摆的鸭子等。

②播放带有以上几种动物行走图像的光盘，让宝宝先仔细观看几遍，让宝宝学习模仿。

③妈妈拿一张动物卡片——踮起脚的猫咪，让宝宝回忆如何模仿猫咪的神态，妈妈也可以跟着宝宝一起模仿动物行走。

④几分钟之后，选择第二种动物，然后继续模仿。

培养技能：

培养宝宝的创造力和想象力，同时帮助宝宝进行识别能力和分类能力的培养。

亲子互动

在玩模仿动物走路游戏的时候，妈妈可以试着先让宝宝想象一下这种动物走路的姿势，这样可以促进宝宝的空间想象能力，更能让宝宝发挥想象力和创造力。

纸筒传话

游戏准备： 长约10~15厘米的纸筒。

方法步骤：

①爸爸和妈妈先分开坐在两端，让宝宝坐在中间。

②先由一端的妈妈拿着纸筒对着宝宝的耳边悄悄说一句话，让宝宝去告诉另一端的爸爸，妈妈对宝宝说的话必须要简单清楚。

③如果宝宝传对了，爸爸和妈妈要给予鼓励和表扬。如果宝宝记不起来了，就问宝宝怎么办？再回过来请妈妈重复一遍，然后继续以上的游戏。

培养技能：

这个游戏能够引起宝宝的好奇心，并且能让宝宝安静地集中注意力，更重要的是能训练宝宝的听力和记忆力。

好玩的扑克牌

游戏准备：一副扑克牌。

方法步骤：

①妈妈将一副扑克牌打开，先给宝宝演示扑克牌的分类。按照颜色将扑克牌分为红、黑两色；按照花色将扑克牌分为红心、方块、黑桃、梅花四类。

②妈妈可以先找出一张红色的纸牌，让宝宝把其余红色的纸牌找出来和它放在一起。

③等宝宝找完之后，妈妈可以分别按照花色，抽出红心、方块、黑桃、梅花4张纸牌，让宝宝去找同样花色的纸牌。

④此外，妈妈还可以教宝宝把同样花色的纸牌按照从1～10的顺序排列。

培养技能：

这个游戏通过训练宝宝对颜色、图形、数字的识别和分类能力，提高宝宝手眼配合能力。

亲子互动

玩扑克牌是一件需要足够耐心和注意力的游戏，因此妈妈不要期望宝宝能把所有类别都分出来，只要让宝宝懂得游戏规则就行。

1岁10个月～2岁益智游戏

看书听故事

游戏准备：儿童故事画册。

方法步骤：

①妈妈跟宝宝一起看图书，在看的过程中，妈妈可以边讲故事边用手指着相应的位置，并观察宝宝有没有认真在听。有时可以问一问，让宝宝跟着重复内容，使宝宝对书、故事产生兴趣。

②妈妈在给宝宝讲故事的时候，可以将故事尽可能讲得精彩些，同时，讲故事的语言和表情也可适当夸张。

③讲完故事之后，妈妈、爸爸还有宝宝可以一起玩角色扮演。妈妈带着宝宝表演故事内容，爸爸在一旁解释对白，让宝宝跟着妈妈做一些模仿动作，以此加深宝宝对故事的理解。

④妈妈还可以提问一些关于故事的内容，让宝宝根据讲解和表演，慢慢回味今天的故事。

⑤跟宝宝交流的过程中，大人最好用完整标准的语句跟宝宝讲话，让宝宝开始适应成人的语言环境。

培养技能：

通过讲故事，训练宝宝对语言的理解能力，强化宝宝的聆听与说话能力，充分激发宝宝的语言潜能，从而促进宝宝左脑的发育。

亲子互动

故事的魔力总是不可预估的，它既能丰富宝宝的想象，又能给宝宝讲述大道理。下面推荐一些适合宝宝的小故事：《小猫钓鱼》《小老鼠偷米》《三只小猪盖房子》《小红帽》《小熊的苹果树》等。

风车转转

游戏准备：一张正方形的硬纸卡、胶水、图钉或大头针、一根筷子。

方法步骤：

①先把正方形的硬纸卡分别对角折好，再用剪刀沿着对角线剪至2/3处。

②将4个角折至中心，并用胶水固定，用图钉或大头针把风车固定在筷子或小木棍上面。

③让宝宝用嘴吹动风车，看看什么时候风车才会转。

培养技能：

训练宝宝的动手能力，发展手指动作的灵活性，提高宝宝感知自然的能力，培养宝宝的观察能力。

看图说话

游戏准备：日常用品的图片或者家里的各种日常用品。

方法步骤：

①妈妈先准备一下家里日常生活用品的图片，然后教宝宝辨认和学习这些用品的词汇，并了解其用途。

②为宝宝准备的生活用品图片可以是：杯子、碗、筷子、勺子、毛巾、脸盆、牙膏、牙刷、衣服、裤子、袜子、电脑、电视、冰箱、电风扇、沙发、衣柜、床、台灯、桌子、椅子、书本、笔等物品。

③将这图片反复地给宝宝看，直到宝宝能指着上面的物品，大声说出来。

培养技能：

教宝宝认识家具物品，并告诉宝宝各种家具的用途，增加宝宝的词汇量，提高宝宝的认知能力，增加宝宝的生活常识。

多元智能的开发

语言能力

★为宝宝创造说话的机会

其实宝宝在9～10个月就已经能听懂爸爸妈妈的话了，他们会主动地去模仿成人发音，但是宝宝这种主动性的学习需要爸爸妈妈为其创造良好的氛围。

首先，爸爸妈妈在教宝宝说话时，一定要表情丰富，尽量让宝宝看清楚大人说话时的形状，以及嘴的动作，以加深宝宝对语言、语调的感受。

其次，爸爸妈妈对宝宝说话时吐字一定要清晰，让宝宝能尽量区分复杂的语调，以便他能逐渐模仿成人的发音。

最后，爸爸妈妈在引导宝宝说话的过程中要有耐心，尽量一个字一个字地慢慢教，不能急于求成。当宝宝努力发音时，爸爸妈妈一定要鼓励、表扬，以激发宝宝的学习热情。

这个时候宝宝还在呀呀学语，爸爸妈妈要尽量给宝宝多创造一些说话的机会。平时多跟宝宝聊天，多给宝宝讲故事，多和宝宝玩游戏，并不断地鼓励宝宝说话。

★正确引导宝宝开口讲话

宝宝说话的能力可以有很大的差距，有的宝宝1岁多还只会几个单独的词，而有的宝宝已经会唱儿歌、背诵诗歌了。这些并不一定是智商造成的差异，关键是缺乏正确的引导和训练。

对于一些喜欢用表情和手势表达的宝宝，爸爸妈妈可以尽量采取不理睬的态度，促使宝宝不得不用语言来表达自己的意愿。对于发音不准确的宝宝，可以先猜测宝宝要表达的意思，然后用正确的发音来给他做示范，帮助他讲清楚。千万要记住不能嘲笑宝宝，否则会伤害到他的自尊心，让他不愿意或者不敢再开口讲话了。

同时，兴趣是最好的老师，爸爸妈妈可以培养宝宝的语言兴趣，通过多听、多说、多练来增强宝宝对语言的运用能力，让宝宝能够对已掌握的语言运用自如。

★用宝宝的语言来与他对话

在与宝宝交流时，爸爸妈妈应该经常蹲下来，尽量与宝宝一个高度来看世界，让宝宝能够感受到自己被重视。说话的时候，尽量从宝宝的角度出发，从宝宝所处的阶段用宝宝的语言来与他对话。这样不仅能缩短你们之间的距离，还能让宝宝变得更加大胆、有自信。

当宝宝用儿语说话，如吃饭饭、过家家等，爸爸妈妈就应该跟随宝宝的语言，尽量使用儿语来与宝宝对话，但是要注意适可而止。当宝宝能清晰地表达之后，爸爸妈妈就可以用标准的语言来与宝宝对话，当宝宝发音错误时及时予以纠正。

宝宝的世界总是充满想象，爸爸妈妈可以顺应宝宝的思维，尽量用宝宝完全能理解的话来交流。比如，当宝宝不乖乖地收拾玩具的时候，爸爸妈妈可以说“宝宝，你要帮玩具回家呀，它们会害怕天黑，也要回家找妈妈的”，而不是生硬地斥责宝宝“自己玩过的玩具要自己收拾”。

★训练宝宝的描述能力

爸爸妈妈要有意识地给宝宝介绍和描述周围的事物，让宝宝初步地对描述有一定的印象。在日常生活中，爸爸妈妈可以多给宝宝讲故事，无形中增加宝宝的词汇量，为宝宝的描述能力打下坚实的基础。

爸爸妈妈在引导宝宝辨别上下、前后、多少、高矮等词汇之后，就可以用语言指导宝宝去观察事物了。比如，让宝宝从玩具堆里挑出大人说的玩具，让宝宝按照大人的指示做游戏等。宝宝能说一些简单的句子后，可以让宝宝看着卡片自己编故事，鼓励宝宝说出图片中的每一个细节。外出的时候，看见一些宝宝学过的东西，可以考一考宝宝，这样不仅能检验一下宝宝的学习成果，还能增加宝宝学习的印象。

动作能力

★运动可促进宝宝大脑的发育

研究表明，每天运动30分钟的宝宝在认知能力、执行能力上要比运动少的宝宝好得多。所以，让处于大脑发育高峰期的宝宝养成运动的习惯可以促进宝宝大脑的发育。

凡是聪明的宝宝，同时也很活泼好动，因为脑力的发育同体力的增强是相辅相成的。但是，宝宝的运动并非是越多越好，运动的强度和时间必须符合宝宝的生理、心理发育特点，要循序渐进，千万不可操之过急。

1岁的宝宝可以学习走路了，爸爸妈妈要耐心让宝宝一点点学习。先从站立开始，再练习下蹲，接着牵着宝宝的手一步一步地走，直到宝宝能完全松开爸爸妈妈的手自己行走。等到宝宝能自由行走之后，就可以让宝宝练习推凳子、爬楼梯、踢球等活动。

★营造安全的运动环境

1岁的宝宝大多已经能够行走自如了，伴随着好奇心的增长，宝宝的运动能力和欲望也会逐渐增加。此时，爸爸妈妈应该给宝宝创造一个适合运动的环境，让宝宝能够自由地发挥，并好好训练一下自身的运动智能。

宝宝虽然好动，但是自控能力仍然很差，也缺乏自我保护意识，所以在宝宝日常活动中，爸爸妈妈一定要做好细致的保护工作。

例如，在精细动作的训练中，要防止宝宝将细小的东西塞进嘴巴、鼻子、耳朵里面；在做大动作的训练中，要防止宝宝磕伤、摔伤等。总之，爸爸妈妈一定要在保证宝宝安全的条件下，再对宝宝进行相关的训练。

在爸爸妈妈这种有意识地进行安全教育下，相信宝宝的自我保护意识也能够得到相应的发展。

★日常生活是训练动作能力的最佳途径

1岁之后的宝宝精细动作会越来越灵活，自主能力也很强。很多宝宝开始模仿大人自己吃饭、自己洗脸、穿脱衣服、穿脱鞋子等，尽管宝宝的姿势可能不对，也没有达到很好的效果，但是宝宝总是想要尽量去尝试一下的。

这时，大人也不要去加以阻拦，应该鼓励、帮助宝宝尽量去做。如果限制宝宝的活动，可能会压抑宝宝的智能发展。

有空的话可以多带宝宝去户外活动，充分利用大自然的资源来对宝宝进行身体、智能的锻炼，同时还能增强宝宝对自然环境的适应能力，并提高自身的免疫力。

户外玩耍可以充分利用大自然的条件，而草坪绝对是宝宝走路和玩耍的最佳场所。爸爸妈妈可以跟宝宝一起在草坪上踢球，宝宝在草坪上翻滚、奔跑会感到很兴奋，更利于宝宝天性的释放，同时还能让宝宝尽情享受大自然的美好。

生活中充满了各种各样的动作，如果爸爸妈妈全都包办的话，宝宝不仅会失去很多练习的机会，也会失去自己的乐趣。脏一点也没有关系的，爸爸妈妈要学会适当地放手，让宝宝的运动智能得到很好的锻炼。

★精细动作的训练

在脑的动作神经中枢里，有掌管手运动神经功能的组织，手运动的时候与大脑相应管理手功能的神经元相联系，因此手指的运动越精巧、越熟练就越能在大脑皮层上进行更多的练习，从而使大脑更聪明，就是我们通常说的心灵手巧、手巧心灵。

此时，宝宝对精细的手指动作还不能很好地控制，爸爸妈妈可以示范开瓶盖或者抓小扣子、翻书、拼图、贴纸等，来训练宝宝的精细动作。这种配合反复抓捏、合指的动作，能极大地促进宝宝动作智商的发展。

认知能力

★教宝宝辨别颜色

其实宝宝出生三四个月后对色彩就有了感受力。年轻的爸爸、妈妈要抓住最早时期用较好的方法帮助宝宝认识颜色，这对宝宝的智力发展和培养绘画兴趣都是大有益处的。但宝宝对颜色的认识不是一下子就能完成的，而必须经过不断训练和培养。

宝宝对鲜艳的颜色，认知度和辨识度都比较高，所以爸爸妈妈可以多为宝宝提供一些丰富的色彩。比如，可以在宝宝的居室里贴上一些色彩调和的画片挂历，在宝宝的小床上经常换上一些颜色温柔的床单和被套，小床的墙边可以画上一条七色彩虹。在宝宝的视线内还可以摆放些色彩鲜艳的彩球、塑料玩具等，充分利用色彩对宝宝进行视觉刺激，对宝宝认识颜色有很大的帮助。在让宝宝接触到颜色的同时，爸爸妈妈可以通过语言的描述来加深宝宝对颜色的印象。

另外，爸爸妈妈还可以通过各种游戏来帮助宝宝认识颜色。例如“我说，宝宝指”的游戏，你指着几种颜色的气球问“哪只是红气球，哪只是蓝气球?”让宝宝用手去指，指对了就亲亲宝宝，指错了就说：“再看看，哪只是红气球?”如果宝宝还是指不出，爸爸妈妈就要反复指着红气球说“这是红气球。”等宝宝认识之后，再教他其他颜色。也可以通过画画来教宝宝认识颜色，如让宝宝画绿色的草地，红色的太阳等。

★教宝宝认识自己的名字

每个人的名字都是一个身份的象征，当然宝宝也不例外。当爸爸妈妈呼唤宝宝的名字时，能引起宝宝对自己身份的认同，让宝宝有存在感，并产生良好的自我感觉，更加相信自己。

早在宝宝还未出世时，爸爸妈妈就已经开始用乳名来叫宝宝了。出生之后，爸爸妈妈应该坚持叫宝宝的乳名，不要老是换来换去，让宝宝知道爸爸妈妈是在跟他讲话。这样让宝宝感受到自己被重视和爱护，同时自信心也会大增。

平时，爸爸妈妈可有意识地叫宝宝的名字，这样叫久了之后，宝宝自然就知道自己的名字了。爸爸妈妈也可以引导式地问宝宝："你叫什么名字呀？"让宝宝能自己说出自己完整的名字，并逐渐了解到名字就是"我"的代称。

★性别的认识

性别的认识是宝宝形成自我意识的重要组成部分，性别认同的发展从出生就开始了，爸爸妈妈要以积极的态度去引导宝宝建立正确的性别观念。

平常爸爸妈妈就应该明确告诉宝宝，他是男孩还是女孩。在给宝宝打扮的时候，可以根据不同的特点来区分性别，并通过图片、电视等来引导宝宝区分男女。在买衣服的时候，也可以告诉宝宝，什么衣服男孩可以穿，什么衣服女孩可以穿，并让宝宝多看，多观察，从而准确地区分男女。

爸爸妈妈一定要注意，不要给宝宝做异性的打扮，以免对宝宝的心理造成不良影响，如果男孩女性化或者女孩男性化，就容易变成大家口中的"娘娘腔"和"假小子"，从而影响到宝宝内心的正常生长。

★让宝宝认识性格

让宝宝认识并了解自己的性格，能让宝宝对自己有更深刻的认识，能促进其自我意识的发展，避免宝宝在陌生场合变得缺乏信心。

爸爸妈妈可以多带宝宝与别的小朋友玩，可以让宝宝在与不同人群、不同环境的接触中，形成并认识自己的性格。宝宝独处的话可能意识不到自己的性格问题，但是等他走出去，与其他小朋友玩耍时，就会发现自己的不同，这种方法对宝宝认清自己的性格有很重要的作用。

每个宝宝都有自己的性格，有的热情开朗，有的内敛羞涩。他们性格的形成除了与先天气质有关，还与爸爸妈妈的教育方式有密切的关系。想要培养宝宝良好的性格，爸爸妈妈要从环境和教育的方式着手，首先要给宝宝创造一个安全、舒适的生活环境，让宝宝能感受到家庭的温暖。其次爸爸妈妈要因材施教，根据宝宝自身的特点，选择特定的教育方式。这样宝宝在接受爱与关注的同时，更加容易形成热情、开朗、大方的性格。

创造能力

★让宝宝发挥创意

宝宝的想法总是天马行空，在创新上表现出难以想象的才能和潜质，而且他们也极少会受到一些客观因素的束缚。虽然宝宝随性而自由的表现有点缺乏技巧，但是爸爸妈妈不能因此而打击宝宝，反而应该鼓励宝宝，让他能够尽情想象并大胆地创造。

培养和发展宝宝创造能力时，不应该拘泥于法定的条框中，而应该采取一些能让宝宝感兴趣的手法，让宝宝自愿地参与进来。比如，所有的宝宝都喜欢涂鸦，他们对笔、色彩、形状都着迷了，可能你看不懂他的画，但是那就是他们眼中一些事物的样子。爸爸妈妈面对宝宝的这些随性和自由时要加以鼓励，尽量为宝宝创造一个不受束缚的环境。

宝宝总是喜欢想象，他们有自己的思维模式，有自己的认知能力，爸爸妈妈可以多跟他们玩一些富有想象力的游戏，甚至可以通过让他们改编游戏或者故事来激发宝宝的创造性思维。

★空间智能与创造力分不开

空间智能优秀的人，一般头脑都很灵活，在他们的脑子里都充满了想象，不管是现实的，还是虚幻的。他们都是想象大师，一直追寻想象的新颖与独特，从而创造出让人们着迷的事物。

空间智能可以体现在对艺术的高度感受和创作能力上。如果一个宝宝的空间智能强的话，他往往会对绘画、颜色搭配以及手工艺品等更加感兴趣。

空间智能主要体现在视觉辨别能力、把握空间方位能力以及形象思维能力这三个方面上。其中视觉辨别能力强的宝宝对环境变化很敏感，比如给他房间做一点小的变化，他能马上看出来；或者在玩游戏找不同的时候，宝宝能马上找出来等。

如果发现宝宝有这方面的潜质，爸爸妈妈可以通过各种方式加以培养，说不定就能成为未来的艺术家呢！有的人空间方位特别好，即使是第一次去的地方，他也很善于识别方向。这个人群能自由转换空间思维，如果宝宝体现出特有的空间思维能力，比如特别会认路，会看立体图片等，爸爸妈妈可以抓住宝宝这一特点进行着重培养。形象思维丰富的宝宝，会表现出对图画的兴趣，钟情于绘画，他们不拘泥于正常思维，喜欢按照自己的思维来创造。

★家教与发展创造性思维有关

研究表明，宝宝创造性思维的发展与爸爸妈妈的态度有密切的联系。民主性的亲子关系更有利于宝宝个性化创造力的形成。

爸爸妈妈采取民主的态度时，宝宝就会表现得更有主见、有独立性和创造性。此外，创造还与爸爸妈妈的教育方式有很大关系。

有的爸爸妈妈比较开放，不会对宝宝有过多的束缚，这样更有利于宝宝创造力的发展；有的爸爸妈妈就习惯对宝宝指手画脚，完全按照自己的想法来要求宝宝，这样会让宝宝表现得过度被动，不愿意去创造。

★给宝宝探索的机会

很多爸爸妈妈常为了宝宝的安全，而采取对宝宝的过分保护。其实，只要保证宝宝在安全范围内，爸爸妈妈可以尽量放手让宝宝自己去探索。

在宝宝刚学会走路的时候，在安全范围内，可以让宝宝自己行走，不要因为害怕宝宝跌倒而局限他的活动范围。当宝宝想要尝试着自己洗脸、自己穿衣服时，爸爸妈妈不要嫌弃，让宝宝尽量有一个慢慢探索和学习的过程。当宝宝想要帮忙做家务时，不要因为害怕宝宝受伤，就完全拒绝宝宝的“好意”。过度保护是对宝宝智能的变相捆绑。

其实这样探索和练习的机会越多，宝宝就会对自身以外的空间、方位、距离产生正确的意识。

即使宝宝的探索可能给你带来麻烦，但是爸爸妈妈千万不要拒绝给宝宝探索的机会。此外，无论宝宝进行什么样的活动，一定不要吝啬给宝宝称赞和激励，这样会让宝宝玩得更加开心，并且从中获得进步。

社交能力

★爸爸妈妈怎么做能让宝宝有更好的人际交往能力

想要宝宝有好人缘，当然与爸爸妈妈的培养有着密切的联系。那爸爸妈妈怎么做能让宝宝有更好的人际交往能力呢？

①给宝宝建立一个充满爱和关心的家庭，这样能够及时满足宝宝身心发展所需要的环境。

②爸爸妈妈要不断提高自身的素质，为宝宝在人际交流上的模仿提供好的榜样。

③了解宝宝的兴趣、关注点、学习方式等，给予宝宝各方面发展所需求的、具有个性化、具有实质性教育意义的关怀。

④给宝宝足够的与他人交往的机会，帮助宝宝和周围人群建立良好的关系，让宝宝觉得对群体有参与感。

⑤在宝宝与同伴进行交流的过程中，应给予足够的、积极的支持与帮助，让宝宝学习人际交流中的技能，建立平等、友爱、互助的人际关系。

⑥在日常生活、游戏中，自然地培养宝宝的交际能力，不要太过于刻意，这样可能会引起宝宝的反感。

★让宝宝学会微笑交际

常听见有人说，“爱笑的人，运气不会差到哪去”，而微笑绝对是交际中的法宝。宝宝早在刚出生时，就会无意识地发笑，伴随成长会越来越爱笑，而且偶尔宝宝还会用笑声引起大人的关注。所以，微笑绝对是不可或缺的社交技巧。

在培养宝宝学会微笑交际的过程中，要尽早发现并且及时回应宝宝的微笑。对宝宝每次的微笑，爸爸妈妈应该尽量给予及时的回应，并积极响应宝宝发出的社交请求。对于宝宝喜欢的交流和互动方式，爸爸妈妈不应该剥夺和打断他，也不能不关注或者表现出心不在焉的样子，要随时随地表现出你对他的兴趣，这样对宝宝自尊人格的发育都有好处。

宝宝本身不具有独立生存的能力，但是出于求生的本能，宝宝会乐意去接近别人，并友好地对别人微笑，这样宝宝就利用微笑开启了自己的人际交往。

★讲礼貌是人际交往的重要课程

礼貌能拉近人与人之间的距离，而讲礼貌的宝宝更容易获得别人的好感。所以，在早期教育中，教会宝宝讲礼貌是很重要的人际交往课程。

爸爸妈妈与宝宝朝夕相对，自然成为宝宝行为模仿的首要对象。所以，在家里爸爸妈妈一定要注意自己的言行举止，让宝宝通过日常的模仿学会说礼貌用语。例如，早上起床的时候要说“早上好”；出门的时候碰到熟人，要说“你好”；得到帮助要说“谢谢”等等。通过耳濡目染，让宝宝学会并且习惯礼貌用语的使用。

同时，在与他人互动的过程中，爸爸妈妈一定要教育宝宝用眼睛看着对方，让他体会到视觉上的交流，目光能让宝宝与人的交流变得更加顺利。爸爸妈妈需要通过种种的以身作则，让宝宝在不知不觉中感受到人际交往的乐趣，并主动去与他人交流。

★让宝宝体验社交生活

人不可能脱离社会，所以让宝宝尽早接触到社会生活，能够从中学习到一些社交技巧，对于他们的交际是很有帮助的。

当宝宝会说话之后，就可以让宝宝给亲戚朋友打电话聊上几句，这样不仅能锻炼宝宝的语言能力，同时也让宝宝体验了真正的交际。

爸爸妈妈平时可以带宝宝多出去走走，在逛公园或者逛小区的时候，看到有小伙伴一起玩耍，可以鼓励宝宝参与进去。这样一群同龄的宝宝相聚，可以一起分享玩具，一起游戏，相互帮助，就能建立深厚的友谊。

情绪管理能力

★帮助宝宝认知情绪

管理情绪的第一步，就是能识别出自己的各种情绪。日常生活中我们可以随时指出宝宝的各种情绪，如激动、失望、自豪、孤独、期待等等，不断地丰富宝宝的情绪词汇库。

现在很多爸爸妈妈都能有意地去跟宝宝同感心。其实，同感心的一个功能就是帮助宝宝认识到自己当时的具体感觉。需要提醒的是，有时当宝宝很生气时，他会对这种情绪识别也很反感，完全不听。爸爸妈妈可以先让他自己冷静下来，等宝宝平静后，再回过头来跟他聊聊刚才的感受。当然，爸爸妈妈同宝宝交谈的语气不能太生硬，以免宝宝滋生反感情绪。

宝宝能识别出的情绪越多，他就越是能清晰地表达出来。而当宝宝能够准确地表达自己的情绪时，也就是处理情绪的开端。在帮助宝宝认知情绪的过程中，要善于诱导其愿意并且勇于表达自己的情绪。能表达才能沟通，有时只需表达出来，坏情绪就解决了。

★不要绑架宝宝的情绪

很多爸爸妈妈在教育宝宝的时候，会跟宝宝说："你这样做，妈妈要生气了""你那样做，别人会不喜欢你的"。如果爸爸妈妈总是用自己的情绪去管教宝宝，这不是好办法，会让宝宝觉得他应该对别人的情绪负责。这样久而久之，宝宝就会忘记遵守规则本来的意义，也容易滋生很多不必要的自责和内疚。

大人正常的情绪反应，可以让宝宝知道，不需要刻意去掩饰。有时，让宝宝看到他不好的情绪会有怎样的不好的结果，让他对自己的行为负责，而不是对别人的情绪负责。

在教给宝宝对自己的行为和情绪负责的同时，爸爸妈妈也要对自己的情绪负责。

如果我们因为跟宝宝无关的事情有消极情绪，那就跟宝宝说，妈妈或爸爸这会儿心情不好，想先自己待一会，等一下再跟你玩。

这样，宝宝也可以学会，当他有不好的情绪时，他也会自己冷静一会，练习自己去处理。他也会知道，有不好的情绪不是什么错事。

★接受宝宝的消极情绪

所有的情绪中最让我们头疼的要属消极情绪了。对于宝宝的消极情绪，我们不要去否认、压制、贬低、怀疑，不要说“这没有什么可怕的”“你不应该感到失望”“你这是生什么气”等等，而是要帮助宝宝去接受、识别，然后再教给他处理的办法。

教给宝宝管理消极情绪的前提是，爸爸妈妈自己要能从容去对待。我们会发现，做到这一点是很困难的。因为，当宝宝发脾气或有其他消极情绪时，爸爸妈妈的本能反应是——又给我惹麻烦！怎么这么不听话呢！你得长到多大才能懂事！于是，爸爸妈妈会出现浑身冒汗、血脉喷张，尽管有时会尽量压抑着自己的情绪，但是宝宝也能从你的表情和动作中察觉到压抑着的怒火。当爸爸妈妈处于这样的状态，当然就不能指望宝宝的情绪能平和下来了。

要改变这种反应，首先要认识到，消极情绪对宝宝是有益的，是他认识自己、提高情商、学习成长的一个好机会。它并不是坏事，控制好甚至可以利用它。

其次，爸爸妈妈要尽量把宝宝的行为和情绪跟自己的分开，自己的劳累、抱怨、委屈，自己去解决，别做不合理的挂钩。

当宝宝惹自己生气时，可以多开导自己。一方面，因为宝宝就是一个懵懂的群体，现在所做的一切好与不好的事情，都是一个学习的过程；另一方面，反思自己管教上有哪些不足，还可以做哪些改进，宝宝是自己教育的结果，自己多提高就是了。如果爸爸妈妈少一些受害者的思路，多想想该怎样提高，这也会帮助控制自己的情绪，少生气。然后再告诉自己，每个人都可以不完美，做不到的，努力提高就是了。

只有爸爸妈妈自己接受了宝宝的消极情绪，才能做到不去否认、压制、贬低、怀疑他的情绪，并且教给宝宝去接受自己的情绪。

生活自理能力

★把握习惯养成的时间段

宝宝养成良好的生活自理行为习惯一般都在学龄前，也就是说宝宝和爸爸妈妈在一起的时间就已经养成了生活能否自理的能力。爸爸妈妈只要适当把握了时间和机会，宝宝就完全可以做到拥有好的生活自理能力。

年龄越小的宝宝，由于语言限制，多元智能的开发重点可以放在生活自理能力的培养上。当宝宝活动范围逐渐扩大一些之后，就应该让他学会初步生活自理，帮助他养成独立与自理的习惯。尽量给宝宝动手的机会，才能让他越做越好。

★为宝宝创造自理机会

聪明的爸爸妈妈总是为宝宝创造属于自己的机会，也就给了宝宝更好的学习和成长的经验。而且随着宝宝逐渐长大，他就会学着而且也很乐意为自己做更多的事情了，从自己吃饭到刷牙、洗脸。

虽然宝宝越来越自立会让你感觉苦乐参半，但是学着照顾自己是他个人和社会能力发展的重要部分。

大人经常觉得宝宝做不好事情，总希望去帮他。这种心态的实质是大人总嫌宝宝“慢”，其实，宝宝手部肌肉控制力的发育以及肢体与感官的协调能力发育都是循序渐进的过程，会显得“慢腾腾”；而且宝宝做事容易受到注意力的干扰，随机性较大，所以总显得“漫不经心”。所以，爸爸妈妈在锻炼宝宝自理能力的时候，要有足够的耐心，让宝宝在慢慢的尝试过程中正真学会如何去处理自己力所能及的事情。

在这个年纪，宝宝容易对很多事情感兴趣，对于宝宝经过训练就能独立完成的事情，爸爸妈妈一定要放手让宝宝去做。即使宝宝做得不对，也不要表现得不耐烦，要给予正确的示范和指导，尽量给宝宝鼓励和支持，让他对新事物有足够的耐心。

爸爸妈妈在给宝宝提供针对性的学习时，还可以进行相关肢体的训练，比如练习"三指抓物"，为宝宝拿筷子、书写打基础；往瓶口中塞物，为扣纽扣作准备；舀物练习，帮助学会使用匙子……许多日常生活的练习，可以帮助宝宝培养自理能力。

★1～2岁宝宝力所能及的事情

那宝宝从1岁过渡到2岁的时候，有哪些是宝宝应该学会自理的呢？

练习如厕及表达需求

如厕需求的表达需要宝宝的括约肌及排泄器官发育成熟后，才能感受到尿意与便意，再加上语言发展成熟，才能明确用语言表达出来。

在这个过程中，爸爸妈妈一定要耐心陪伴，千万不可操之过急。尽量抓准宝宝大小便的规律，感觉宝宝差不多要排便的时候，可先询问他是否需要上厕所，然后让他在坐便器上坐上三五分钟，如果能够顺利排尿排便，一定要加以鼓励，建立其自信心。

此外，男宝宝和女宝宝如厕方式也不同，所以爸爸妈妈应共同承担起带子女学习上厕所的责任，让男孩女孩各自学习到合适的如厕方式。

协助宝宝穿脱衣物

在会穿衣裤之前，可先练习脱衣服，因为"脱"比"穿"的动作更容易。可先让宝宝用玩偶进行练习，经过实际操作后再运用到自身。

脱衣服需要运用到关节动作，可依照宝宝的习惯帮他分解各种动作，以开襟式衣服为例，先解开衣服扣子或拉链，脱之前把衣服往前拉，再把手伸离袖子。爸爸妈妈可适时提供协助，让宝宝对脱衣服建立自信心，并提升学习意愿。

可以让宝宝从容易穿的衣物开始练习，其中开襟式与套头式衣物的穿法不同，开襟式衣物比较容易穿脱，等宝宝能熟练穿脱开襟衣物之后，就可以开始套头式衣物的练习。先让宝宝分辨衣物的前后与正反面，协助他穿上一边，另外一边则可让他试着自己穿上。要给宝宝留出足够的练习时间。

自己用汤勺进食

一般来说，宝宝1岁半后，就能自己拿勺吃东西了。当然，在练习的过程中，爸爸妈妈要在宝宝自己吃的同时，坚持给宝宝喂饭，宝宝开始自己吃时，可能不会吃得太饱，会一边吃一边撒，不能让宝宝因此饿肚子。

练习过程中，宝宝可能会出现用五指抓握勺把、用勺背舀饭等错误动作，爸爸妈妈切不可太心急，可以给宝宝演示正确的动作，也可以手把手地纠正宝宝的错误动作，但不要急于求成，要允许宝宝反复出错。

当宝宝能自行用汤匙进食时，表示其手腕动作的成熟度已与成人相近，自理能力也已发展到一定的水平。此时对宝宝的要求可以高一些，不仅能够使用汤匙，还需要培养一些用餐礼仪，如吃东西时一手拿餐具，一手扶住碗；吃完才能离开餐桌；食物不能撒落太多等。

帮忙做简单家务

不论收拾玩具或做其他家务，爸爸妈妈都应先带头做出表率，使宝宝有一个好的模仿、学习对象，提升参与的兴趣。

另外，爸爸妈妈不要用成人标准去要求宝宝，只要宝宝愿意做，就应给予鼓励。做家务时，最好爸爸妈妈一边做，一边让宝宝在旁边观看，时间一长，宝宝也想自己做做看。此时可准备宝宝的专属工具，如小抹布，邀请他和爸爸妈妈一起擦桌子，事后给予及时鼓励。

Part 5

2~3岁，是宝宝脑发育的黄金阶段

2岁以后的宝宝脑细胞的数量基本趋于稳定，但正是脑细胞发育的重要时期，此时爸爸妈妈除了要满足宝宝脑发育的营养之外，还应该通过游戏及日常教育尽可能地开发宝宝的智能。宝宝的各种智能并不是时刻都体现在身上，需要爸爸妈妈在日常生活中全面、悉心地去观察宝宝的表现，并加以挖掘和适当地引导。本章就介绍了在宝宝大脑发育的黄金时期，爸爸妈妈应该怎样给宝宝吃，怎样陪宝宝玩以及怎样教育宝宝，希望天下的宝宝都健康成长。

宝宝吃什么才能促进脑发育

卷心菜

补脑原理

卷心菜含有丰富的维生素C、维生素E，宝宝食用可提高免疫力，预防感冒。其次，卷心菜中还含有丰富的叶酸，对宝宝的正常生长发育有很大的帮助，常吃有健脑的作用。

猪肉卷心菜卷

原料：
肉末60克，卷心菜70克，西红柿75克，洋葱丁50克，蛋清40克

调料：
盐2克，水淀粉、姜末、生粉、番茄酱各适量

做法：①卷心菜洗净焯水，修边；西红柿洗净去皮，切碎；蛋清加生粉拌匀。②西红柿、肉末、洋葱加姜末、盐拌成馅料，包入卷心菜，蛋清封口，入锅蒸熟。③用油起锅，加番茄酱、水淀粉拌制成味料，浇在卷心菜卷上即可。

鸡肉卷心菜米粥

原料：
鸡胸肉40克，卷心菜35克，胡萝卜40克，豌豆20克，米饭120克

调料：
盐2克

做法：①往汤锅中加水，倒入洗净的豌豆煮熟，捞出切碎；卷心菜洗净，切碎；胡萝卜洗净，切丁；鸡胸肉洗净，剁末。②汤锅中加水烧开，倒入米饭搅散煮软，倒入鸡肉、胡萝卜、卷心菜，煮至沸腾。③加盐调味，煮至粥入味即可。

花菜

补脑原理

花菜含有蛋白质、脂肪、碳水化合物、膳食纤维，以及钙、磷、铁等矿物质和多种维生素。花菜质地细嫩，味甘鲜美，食后极易消化吸收，适宜于幼儿食用。宝宝经常食用不仅能增强体质、提高免疫力，还有健脑益智的功效。

火腿花菜

原料：

火腿80克，花菜200克

调料：

盐3克，鸡粉2克，水淀粉2克，食用油适量，姜片、蒜末、葱段各少许

做法：①将花菜洗净，切小块，焯水；火腿切片，备用。

②用油起锅，下入姜片、蒜末爆香，放入火腿片炒香，倒入花菜炒匀。

③加入少许清水，加盐、鸡粉调味，倒入适量水淀粉勾芡，撒上葱段，拌炒均匀。

④将炒好的材料盛出，装入碗中即可。

肉酱花菜泥

原料：

土豆120克，花菜、肉末各50克，鸡蛋1个

调料：

盐少许，料酒2毫升，食用油适量

做法：①将土豆去皮洗净，切条；花菜洗净，切碎；鸡蛋取蛋黄。

②用油起锅，倒入肉末炒至转色，淋料酒，倒入蛋黄炒熟，盛出。

③蒸锅置于火上，大火烧开，放入土豆、花菜，中火蒸15分钟至完全熟透，取出，土豆压成泥，与花菜末、盐拌匀，再加入蛋黄肉末拌至入味即可。

黄花菜

补脑原理

黄花菜富含的卵磷脂对增强大脑功能有很重要的作用。黄花菜还含有多种维生素，其中胡萝卜素、烟酸的含量最为丰富，对婴幼儿发育很有好处。此外，其还含有钙、铁、锌等矿物质，有改善贫血、强身健体的作用。

黄花菜鸡蛋汤

原料：

水发黄花菜100克，鸡蛋50克

调料：

盐3克，鸡粉2克，食用油适量，葱花少许

做法：①将黄花菜洗净，去根；鸡蛋打散、调匀。

②锅中注入适量清水烧开，加入少许盐、鸡粉，放入黄花菜，淋食用油拌匀，加盖，用中火煮约2分钟，至其熟软。

③揭盖，倒入蛋液，边煮边搅拌，略煮片刻，至液面浮出蛋花。

④关火后盛出煮好的鸡蛋汤，装入碗中，撒上葱花即可。

黄花菜健脑汤

原料：

水发黄花菜80克，鲜香菇40克，金针菇90克，猪瘦肉100克

调料：

盐3克，鸡粉3克，水淀粉、食用油各适量，葱花少许

做法：①香菇洗净切片；黄花菜洗净，去蒂；金针菇洗净，去根；猪瘦肉洗净切片，加盐、鸡粉、水淀粉、食用油，腌渍入味。

②锅中注水烧开，倒油，放入香菇、黄花菜、金针菇，加盐、鸡粉，拌匀煮沸。

③倒入猪瘦肉拌匀，用大火煮约1分钟至熟，盛出装碗，撒葱花即可。

黄瓜

补脑原理

黄瓜含有的葫芦素C，具有提高人体免疫功能的作用，其中含有的维生素B_1，对改善大脑和神经系统功能有利，能安神定志。宝宝经常食用不仅能增强体质，对改善大脑记忆和功能有很大的好处。

黄瓜粥

原料：

黄瓜85克，水发大米110克

调料：

盐1克，芝麻油适量

做法：①将黄瓜洗净，去皮、去瓤，切丁；大米洗净。

②往砂锅注水烧开，倒入洗净的大米拌匀，用小火煮30分钟。

③揭盖，倒入切好的黄瓜丁拌匀，大火煮至沸，加盐、芝麻油拌匀调味，煮至食材入味。

④关火后盛出煮好的粥即可。

甜椒炒黄瓜

原料：

甜椒80克，黄瓜150克

调料：

盐2克，鸡粉2克，料酒、生抽、水淀粉、食用油各适量，姜片、蒜末、葱段各少许

做法：①将甜椒洗净，切成块；黄瓜洗净，去皮，切成小块。

②用油起锅，放入姜片、蒜末、葱段爆香，倒入切好的黄瓜、甜椒，淋入适量料酒炒香，倒入少许清水。

③加入适量盐、鸡粉、生抽，炒匀调味，倒入适量水淀粉勾芡即可。

龙须菜

补脑原理

龙须菜含有丰富的膳食纤维，及人体需要的多种氨基酸，可保护细胞膜的结构和功能，保证宝宝身体的正常生长发育。其中包含的赖氨酸还能够促进大脑的发育，促进脂肪的代谢，对预防肥胖和改善记忆都有好处。

龙须炒虾仁

原料：

龙须菜300克，虾仁150克

调料：

盐4克，食用油适量

做法：①龙须菜择去老叶，清洗干净；虾仁收拾干净，备用。

②锅中加入适量清水和少许食用油烧沸，下入龙须菜稍烫后捞出。

③原锅加油烧热，下入虾仁爆香后，加入龙须菜炒匀，加盐炒匀调味。

④关火后将炒好的食材盛出即可。

清炒龙须菜

原料：

龙须菜400克

调料：

盐5克，食用油、水淀粉各适量

做法：①龙须菜切去尾部，清洗干净后切段。

②锅中水烧沸，下入龙须菜汆烫片刻，捞出沥干水分。

③锅中倒入少许油，下入龙须菜翻炒，至熟放入盐炒匀，再用水淀粉勾芡即可。

腐竹

补脑原理

腐竹富含蛋白质、卵磷脂，及钙、铁、磷、锌等矿物质和多种维生素，对宝宝骨骼发育都有很重要的作用。其中腐竹中谷氨酸、卵磷脂的含量很高，在大脑活动中起着重要作用，食用有补脑的功效。

黄瓜腐竹汤

原料：

水发腐竹200克，黄瓜220克

调料：

盐3克，鸡粉2克，胡椒粉、食用油各适量，葱花少许

做法：①将黄瓜洗净，去皮、瓤，切块；腐竹洗净。

②用油起锅，放入黄瓜翻炒片刻，倒入适量清水，用大火烧开。

③放入泡发好的腐竹，小火煮约2分钟至熟透，加盐、鸡粉、胡椒粉调味。

④把煮好的汤装入碗中，撒上葱花即可。

芹菜胡萝卜丝拌腐竹

原料：

芹菜85克，胡萝卜60克，水发腐竹140克

调料：

盐、鸡粉各2克，胡椒粉1克，芝麻油4毫升

做法：①将芹菜洗净，切长段；胡萝卜洗净，去皮，切丝；腐竹洗净，切段。

②锅中加水烧开，倒入芹菜、胡萝卜，大火略煮片刻，放入腐竹，煮至食材断生，捞出全部材料，沥干水分。

③取一个大碗，倒入焯过水的材料，加盐、鸡粉、胡椒粉、芝麻油拌匀，装入盘中即可。

金针菇

补脑原理

金针菇含有蛋白质、脂肪、碳水化合物、磷、铁等，还含有8种人体必需氨基酸，可促进新陈代谢，有益于生长发育。其中赖氨酸含量特别多，是益智健脑必需的物质，故金针菇又被称为“增智菇”，多吃金针菇，可以增强记忆力。

金针菇面

原料：

金针菇40克，油菜70克，虾仁50克，面条100克

调料：

盐2克，葱花、鸡汁、生抽、食用油各适量

做法：①将金针菇洗净，切去根部，切段；油菜洗净，切丁；虾仁挑去虾线，洗净，切丁；面条切段。

②汤锅注水烧开，放入鸡汁、盐、生抽拌匀，放入面条，加入食用油，煮至面熟。

③放入金针菇、虾仁、油菜，用大火烧开，撒葱花，拌匀即可。

金针菇蔬菜汤

原料：

金针菇30克，香菇10克，油菜20克，胡萝卜50克

调料：

盐2克，鸡粉3克，胡椒粉适量，清鸡汤300毫升

做法：①将油菜洗净，切段；胡萝卜洗净，去皮，切片；金针菇洗净，切去根部。

②砂锅中注入鸡汤，大火煮沸，倒入金针菇、香菇、胡萝卜，续煮10分钟至熟。

③倒入油菜，加盐、鸡粉、胡椒粉调味，装入碗中即可。

香菇

补脑原理

香菇含有蛋白质、氨基酸、脂肪、膳食纤维、B族维生素、维生素C、烟酸、钙、磷、铁等成分，能增进食欲、健脾和胃、促进发育、增强记忆，对促进儿童智力的发育有着特殊的功效。

酱香菇肉

原料：

五花肉300克，鲜香菇100克，西蓝花150克

调料：

盐3克，鸡粉、白糖各少许，生抽3毫升，料酒4毫升，食用油适量，蒜末少许，甜面酱15克

做法：①将五花肉洗净，切薄片。

②西蓝花、香菇洗净，入沸水，加盐、食用油拌匀，煮至断生后捞出；油锅入肉片煎香，加料酒、生抽、盐炒入味，盛出。

③油锅烧热入蒜末爆香，倒甜面酱炒匀，注水煮沸，加白糖、鸡粉，倒香菇焖透。

④盘子摆上肉片、西蓝花、香菇即可。

香菇鸡肉羹

原料：

鲜香菇40克，油菜30克，鸡胸肉60克，米饭适量

调料：

盐少许，食用油适量

做法：①油菜洗净；往汤锅中注入适量清水，用大火烧开，放入油菜煮半分钟至断生，捞出，晾凉，剁碎。

②香菇洗净，切丁；鸡胸肉洗净，剁末。

③用油起锅，倒入香菇炒香，放入鸡胸肉炒至转色，加清水，倒入软饭炒匀，加盐调味，放入油菜炒匀即可。

山药

补脑原理

山药含有淀粉酶、多酚氧化酶等物质，有利于脾胃的消化吸收，还能提高人体免疫力。山药中的蛋白质形成酵素系统，可维持人体正常的消化机能，同时对提高宝宝身体的免疫能力以及大脑功能也具有一定帮助。

山药羊肉汤

原料：

羊肉300克，山药块250克

调料：

葱段、姜片各少许，盐适量

做法： ①将羊肉洗净，切片；往锅中注入适量清水烧开，倒入羊肉片搅拌均匀，煮约2分钟,捞出汆过冷水，装盘备用。

②锅中注入适量清水烧开，倒入山药块，倒入葱段、姜片、羊肉搅拌均匀。

③盖上盖，用大火烧开后转至小火炖煮约40分钟；揭开盖，加盐调味，捞出煮好的羊肉，装入碗中。

④最后，浇上锅中煮好的汤水即可。

山药鸡丝粥

原料：

大米500克，山药100克，鸡胸肉200克，油菜20克，香芹5克

调料：

盐、鸡粉各2克

做法： ①将大米淘洗干净；山药洗净，去皮，切小块，焯水；鸡胸肉洗净，切丁；油菜、香芹分别洗净，切碎。

②锅中加水烧开，倒入大米，小火煮至米粒开花，倒入山药、鸡胸肉，续煮至米粒熟透，倒入油菜、香芹稍煮至入味，加盐、鸡粉调味即可。

毛豆

补脑原理

毛豆富含的卵磷脂是大脑发育不可缺少的营养物质，能保证宝宝大脑和视网膜的正常发育。此外，毛豆还富含钙、磷、铁、锌等矿物质，这些营养物质也极易被人体所吸收，是保证宝宝健康发育的必要营养成分。

毛豆烧茄子

原料：

毛豆200克，茄子200克

调料：

盐3克，鸡粉2克，生抽6毫升，水淀粉、食用油各适量，蒜末、葱段各少许

做法：①将茄子洗净，切丁；毛豆洗净，焯水。

②热锅注油，烧至5成热，倒入茄子拌匀，炸半分钟至微黄，捞出，沥干油。

③锅底留油，放入蒜末、葱段，用大火爆香，倒入毛豆、茄子炒匀，加盐、鸡粉调味，淋生抽，炒至食材熟软。

④倒入适量水淀粉勾芡，炒熟即可。

毛豆蒸肉饼

原料：

毛豆50克，猪肉末200克，枸杞少许

调料：

盐、生粉各2克，鸡粉3克，葱花、料酒、蒸鱼豉油各适量

做法：①猪肉末加盐、鸡粉、料酒、清水、生粉、葱花拌匀，制成肉馅。

②取一盘，倒入毛豆，摆放平整，将做好的肉馅平摊在毛豆上，用勺子压实待用。

③蒸锅中注水烧开，放上毛豆肉饼，大火蒸熟，关火后取出蒸好的毛豆肉饼，浇上蒸鱼豉油，用枸杞做点缀即可。

带鱼

补脑原理

带鱼富含不饱和脂肪酸、优质蛋白，以及钙、磷等矿物质及多种维生素，不仅能增强体质，还可为脑提供丰富的营养物质。其中所含卵磷脂也十分丰富，对提高智力、增强记忆大有帮助。宝宝经常食用可促进智力的发展。

家常蒸带鱼

原料：
带鱼肉350克

调料：
盐2克，料酒7毫升，姜片、葱段、姜丝、葱丝、彩椒丝各少许

做法：①带鱼肉洗净，切块，装入碗中，放入葱段，加入适量盐、料酒，拌匀，腌渍约10分钟，至其入味，备用。
②取一个蒸盘，放入腌好的带鱼，摆放整齐，待用。
③蒸锅上火烧开，放入蒸盘，用中火蒸约15分钟至熟，取出蒸盘，拣出姜片、葱段，点缀上姜丝、葱丝和彩椒丝即可。

带鱼南瓜汤

原料：
带鱼270克，南瓜170克，青椒丝、红椒丝各少许

调料：
盐、鸡粉、葱丝、蒜末各适量，料酒6毫升，生抽4毫升

做法：①将南瓜洗净，去皮、瓤，切小段；带鱼处理干净，取肉，切小段。
②往砂锅中加水烧开，放入带鱼，淋料酒，烧开后用小火煮15分钟，倒入蒜末、南瓜，小火煮熟，加盐、鸡粉、生抽调味。
③放入青椒丝、红椒丝、葱丝，用大火略煮片刻即可。

海参

补脑原理

海参是一种高蛋白、低脂肪、低糖、无胆固醇的保健食品，营养不仅丰富，而且均衡、合理，利于人体的吸收和利用。其中还含有两种ω－多不饱和脂肪酸和DHA，对宝宝大脑细胞发育起至关重要的作用。

海参粥

原料：

海参300克，大米250克

调料：

盐、鸡粉各2克，芝麻油少许，姜丝少许

做法：①将海参洗净，去除内脏，切丝，放入沸水中略煮，去腥，捞出；大米洗净。

②往砂锅中加水烧热，倒入洗好的大米拌匀，用大火煮开后转小火煮40分钟至大米熟软，加入盐、鸡粉调味。

③倒入海参、姜丝拌匀，续煮10分钟至食材入味。

④淋入芝麻油拌匀即可。

手工鱼丸烩海参

原料：

草鱼600克，海参300克，山药丁100克，鸡蛋清20克

调料：

盐、鸡粉、胡椒粉各2克，料酒10毫升，水淀粉、芝麻油各少许，食用油适量，葱花、姜末各少许

做法：①海参处理干净，切条；草鱼收拾干净，切段，与山药打成泥，加姜末、葱花、蛋清拌匀，挤成鱼丸，入锅煮熟。

②姜末入油锅爆香，放入海参，加盐、鸡粉调味，倒入鱼丸，加胡椒粉、料酒煮入味，用水淀粉勾芡，淋芝麻油，撒葱花即可。

鱿鱼

补脑原理

鱿鱼是有益健康的食物，有保护神经纤维、活化细胞的作用。鱿鱼含有维生素B_1、钙、磷等成分以及增强人体记忆的微量元素，都是维持人体健康所必需的营养成分，还能补充脑力，是儿童、青少年补脑的上品。

茄汁鱿鱼卷

原料：

鱿鱼肉170克，莴笋65克，胡萝卜45克

调料：

番茄酱30克，盐2克，料酒5毫升，食用油适量，葱花少许

做法：①莴笋、胡萝卜去皮洗净，切片，焯水；鱿鱼洗净，切花刀，再切块。②将鱿鱼块放沸水中，淋料酒，汆去腥味，略煮至鱼身卷起，捞出，沥干水分。③油锅入番茄酱、盐炒匀，加鱿鱼卷、胡萝卜、莴笋，淋料酒炒熟，撒葱花即可。

游龙四宝

原料：

鱿鱼、虾仁、香菇、干贝各100克，油菜50克

调料：

盐3克，料酒、香油、食用油各适量

做法：①鱿鱼处理干净后，切花；虾仁洗净；香菇洗净后，切片；干贝洗净，用温水泡发；油菜洗净，焯水后捞出装盘。②油锅烧热，放入鱿鱼、虾仁、干贝、香菇，烹入料酒，炒至将熟时放入盐、香油，入味后盛入盘中即可。

鳙鱼

补脑原理

鳙鱼含有人体自身难以合成的不饱和脂肪酸、氨基酸、脑白金及人体所必需的优质蛋白质、钙、铁、磷等营养成分以及增强人类记忆的微量元素。其中鱼头富含DHA和EPA，有助于新生儿、婴儿的健康发育。

碧绿鳙鱼卷

原料：

火腿丝、香菇丝各30克，鳙鱼肉、油菜各100克，胡萝卜片、红椒片各少许

调料：

盐3克，鸡粉2克，生粉、料酒、水淀粉、食用油、姜片各适量

做法：①油菜洗净，对半切；鳙鱼肉切片，加盐、鸡粉、生粉腌渍。

②将胡萝卜、香菇、油菜焯水；生鱼片放上火腿丝、香菇丝卷好，入热油锅炸熟。

③油锅入胡萝卜片、红椒片、姜片爆香，加料酒、盐、鸡粉，倒入水淀粉勾芡，放入生鱼卷裹上稠汁，盛放在油菜上即可。

香菜豆腐鱼头汤

原料：

鳙鱼头450克，豆腐250克，香菜30克

调料：

盐适量，姜2片，花生油10毫升

做法：①鱼头去鳃，剖开，用盐腌渍2小时，洗净；香菜洗净；豆腐洗净，沥水，切块。

②将豆腐、鱼头煎至两面金黄色，盛出。

③锅中下入鱼头、姜，加入沸水，大火煮沸后，加入煎好的豆腐，煲30分钟，放入香菜，稍滚即可，不用加盐。

鲇鱼

补脑原理

鲇鱼含有丰富的DHA，能够为宝宝大脑神经系统发育提供丰富营养。鱼肉中所含的钙、磷、镁、维生素A、维生素D量也很高，并含有人体所需的各种氨基酸，具有滋阴开胃、健脑益智的功效，特别适合幼儿食用。

糟熘鱼片

原料：
鲇鱼肉300克，水发黑木耳100克，卤汁20毫升

调料：
盐2克，鸡粉2克，胡椒粉2克，水淀粉5毫升，食用油适量，姜片、葱段各少许

做法：①鲇鱼肉切双飞片，加盐、鸡粉、水淀粉拌匀，腌入味；黑木耳洗净。
②锅中注水烧开，倒入鱼片略煮，将汆煮好的鱼肉捞出，沥干水分，待用。
③热锅注油，入姜片、葱段爆香，倒入卤汁，放入黑木耳，加鸡粉、胡椒粉调味，倒入鱼片，煮至食材熟透、入味即可。

香菜鲇鱼粥

原料：
鲇鱼300克，大米200克，红甜椒10克，香菜5克

调料：
料酒10毫升，盐、鸡粉、胡椒粉各2克，食用油适量

做法：①香菜洗净，切丁；红甜椒洗净，切丁；大米洗净。
②鲇鱼收拾干净，取肉，加料酒、鸡粉、盐、食用油拌匀，腌渍15分钟至入味。
③锅中加水烧开，倒入洗净的大米，煮至开花，倒入鲇鱼、红甜椒，加盐、胡椒粉调味，煮至肉熟、米烂，撒上香菜即可。

牡蛎

补脑原理

牡蛎肉质乳白、细嫩、营养丰富，含有丰富的蛋白质、维生素和碳水化合物，特别是所含有的硒元素，为人体正常生长和代谢提供能量，还具有调节神经、稳定情绪的功效。牡蛎还含有牛磺酸、不饱和脂肪酸等物质，能起到补脑、健脑的作用。

韭黄炒牡蛎

原料：

牡蛎肉400克，韭黄200克，彩椒50克

调料：

生粉15克，生抽8毫升，鸡粉、盐、料酒、食用油各适量，姜片、蒜末、葱花各少许

做法：①将韭黄洗净，切段；彩椒洗净，切条。

②牡蛎肉洗净，加料酒、鸡粉、盐、生粉拌匀，入沸水中略煮，捞出，沥干水分。

③油锅烧热，入姜片、蒜末、葱花爆香，倒入牡蛎炒匀，淋生抽、料酒提味，放入彩椒、韭黄炒匀，加鸡粉、盐调味即可。

白萝卜牡蛎汤

原料：

牡蛎肉100克，白萝卜170克

调料：

盐3克，鸡粉2克，料酒、胡椒粉、芝麻油、食用油各适量，姜丝、葱花各少许

做法：①将白萝卜去皮，洗净，切丝；牡蛎肉洗净。

②锅中倒水烧开，加入食用油、姜丝，倒入白萝卜、牡蛎肉拌匀，淋料酒，煮至食材熟透，加入盐、鸡粉、胡椒粉、芝麻油调味，盛出装碗，撒上葱花即可。

干贝

补脑原理

干贝富含蛋白质、碳水化合物、核黄素和钙、磷、铁等多种营养成分，营养价值非常高，可补充人体所需的优质蛋白，增强人体免疫力。其中所含有的锌元素，对宝宝身体发育十分有利，能促进宝宝大脑的发育，改善宝宝的记忆。

油菜鸡丝干贝粥

原料：

大米100克，鸡胸肉50克，油菜、干贝各30克，枸杞5克

调料：

盐、鸡粉各2克

做法：①将大米淘洗干净；鸡胸肉洗净，切丝；油菜洗净，切丝；干贝洗净，泡发，切丝；枸杞洗净。

②锅中加水烧开，倒入大米，煮沸后小火煮至米粒开花，倒入鸡胸肉、干贝，续煮至米熟烂，倒入油菜，加盐、鸡粉调味，再放入枸杞，稍煮片刻即可。

莲子干贝煮冬瓜

原料：

莲子100克，干贝20克，冬瓜300克

调料：

盐、鸡粉各2克

做法：①莲子洗净，去芯，泡发；干贝洗净，泡发，切丝；冬瓜洗净，去皮、瓤，切块。

②往锅中加入适量清水，大火烧开后，放入冬瓜，煮沸。

③倒入莲子、干贝，小火煮至食材熟烂，加盐、鸡粉调味。

④稍煮至食材入味，即可出锅，盛入碗中食用。

紫菜

补脑原理

紫菜含有丰富的DHA、亚油酸、卵磷脂等营养成分，有健脑的功效，紫菜等海藻类食物中的磺类物质以及胆碱，更是大脑中不可缺少的，对提高记忆有很显著的效果。其中含有的丰富的矿物质钙、碘、铁，可促进骨骼的发育。

香芋紫菜饭

原料：
香芋100克，银鱼干150克，米饭200克，紫菜10克

调料：
盐2克

做法： ①将香芋去皮，洗净，切片；银鱼干切碎；紫菜切碎。
②香芋入烧开的蒸锅蒸熟，取出剁成泥。
③往汤锅中注水烧开，倒入米饭搅散，放入银鱼干，小火煮20分钟至食材熟透。
④揭盖，倒入香芋，拌匀煮沸，放入紫菜，加盐调味即可。

紫菜馄饨

原料：
水发紫菜40克，胡萝卜45克，虾皮10克，猪肉馄饨100克

调料：
盐2克，鸡粉2克，食用油适量，葱花少许

做法： ①将胡萝卜去皮洗净，切丝。
②用油起锅，倒入虾皮爆香，放入胡萝卜炒香，倒入适量清水，放入紫菜，加盖，大火煮沸。
③揭盖，加盐、鸡粉调味，放入猪肉馄饨，加盖，用中火煮4分钟至熟。
④将煮好的馄饨盛出装碗，撒葱花即可。

小麦

补脑原理

小麦胚芽中含有一种叫“脑黄金”的重要物质，即ω-3脂肪酸和维生素E。其中ω-3脂肪酸可以帮助提高记忆力，起到健脑益智、改善视力的功效。维生素E维持着细胞的活性，有着抗氧化作用，能保护皮肤和血管。

红枣小麦粥

原料：

大米200克，小麦200克，桂圆肉15克，红枣10克

调料：

白糖3克

做法：①将大米、小麦、桂圆肉、红枣洗净；往砂锅中注入适量清水烧热，倒入洗好的小麦、大米，拌匀，放入洗过的桂圆肉、红枣，拌匀，盖上盖，用大火煮开后转小火煮40分钟至食材熟透。

②揭盖，加入白糖，拌匀，煮至溶化。

③关火后盛出煮好的粥，装入碗中，待稍微放凉后即可食用。

小麦玉米豆浆

原料：

水发黄豆40克，水发小麦20克，玉米粒15克

做法：①将已浸泡8小时的小麦、黄豆倒入碗中，注水搓洗干净，沥干水分；玉米粒洗净。

②将所有原料倒入豆浆机中，加水至水位线，盖上豆浆机机头，选择“五谷”程序，再选择“开始”键，运转约20分钟，即成豆浆。

③将豆浆机断电，取下机头，倒入滤网，滤取豆浆，倒入杯中即可。

燕麦

补脑原理

燕麦在营养学界就被称为“大脑的粮食”。燕麦含有丰富的膳食纤维，能促进宝宝消化，并预防便秘，其还含有优质油脂、不饱和脂肪酸以及钾、锌等矿物质，有助于宝宝空间记忆的形成及认知能力的增长。

奶香燕麦粥

原料：

燕麦片75克，松仁20克，配方奶粉30克

做法：①往汤锅中注入适量清水，用大火烧开，倒入准备好的燕麦片，再放入适量松仁，搅拌均匀。

②盖上盖，用小火煮30分钟至食材熟烂，揭盖，放入适量配方奶粉，搅拌均匀，用大火煮开。

③把煮好的粥盛出，装入碗中即可。

燕麦南瓜泥

原料：

南瓜250克，燕麦55克

调料：

盐少许

做法：①将南瓜去皮洗净，切成片，装碗；燕麦装入碗中，加入少许清水浸泡片刻。

②往蒸锅加水，然后将锅置于火上烧开，分别放入南瓜、燕麦，蒸至燕麦熟透，取出。

③盖上盖，继续蒸5分钟至南瓜熟软，取出南瓜。

④取碗，将南瓜倒入，加盐拌匀，加入燕麦，快速搅拌1分钟至成泥状即可。

桂圆

补脑原理

桂圆（龙眼）营养价值甚高，富含高碳水化合物、蛋白质、多种氨基酸和维生素，其中尤以维生素P量多，补益心脾的功效。宝宝适量食用能锐化大脑功能，加强脑细胞蛋白质功能，促进大脑的发育。

桂圆红枣木瓜盅

原料：
木瓜500克，莲子30克，桂圆肉25克，水发银耳40克，枸杞、红枣各少许

调料：
白糖10克

做法：①木瓜洗净，切两半，取其中一半，边缘雕成锯齿状，去皮、瓤，制成木瓜盅；莲子、桂圆肉、银耳、枸杞、红枣洗净；将银耳、莲子煮约1分钟，捞出，沥干水分。
②锅加水烧开，入红枣、枸杞、桂圆、银耳、莲子，烧开后用中火略煮，加白糖拌匀，装入木瓜盅，入蒸锅，中火蒸熟即可。

桂圆水果沙拉

原料：
雪梨180克，彩椒80克，圣女果100克，桂圆肉100克

调料：
沙拉酱15克，橄榄油8克

做法：①将彩椒洗净，切小块；圣女果洗净，切块；雪梨洗净，去皮、籽，切丁。
②往锅中注入适量清水烧开，放入彩椒，煮约半分钟，捞出。
③把备好的材料装入碗中，加入沙拉酱、橄榄油，拌匀；盛出拌好的食材，装入盘中，加入少许沙拉酱即可。

蓝莓

补脑原理

蓝莓中含有的维生素、钙、锌、铁、铜、氨基酸非常丰富，都是人体所需的营养成分，可改善视力，增强人体免疫力。其中富含的花青素具有强的抗氧化能力，能使大脑功能敏锐，促进脑细胞兴奋。

蓝莓山药泥

原料：
山药180克，蓝莓酱15克

调料：
白醋适量

做法： ①将山药去皮洗净，切块，浸入清水中，加白醋拌匀，去除黏液，捞出。
②把山药放入烧开的蒸锅中，盖上盖，用中火蒸15分钟至熟，取出。
③把山药倒入大碗中，捣成泥，再放入干净的碗中，浇上适量蓝莓酱即可。

蓝莓牛奶西米露

原料：
西米70克，蓝莓50克，牛奶90毫升

调料：
白糖6克

做法： ①将西米、蓝莓洗净；往砂锅中加入适量清水烧开，倒入西米拌匀，大火煮沸后用小火煮约15分钟，至米粒变熟软。
②倒入备好的牛奶，轻轻搅拌片刻。
③加入少许白糖，搅拌匀，大火续煮至糖分溶化。
④关火后盛出煮好的西米露，装入汤碗中，撒上蓝莓即可。

橘子

补脑原理

橘子含有丰富的糖类，以及维生素、苹果酸、柠檬酸、蛋白质、脂肪、膳食纤维以及多种矿物质等，对人体健康十分有益。适量食用不仅可止咳化痰、健脾顺气，还能为大脑提供丰富的能源物质，加强大脑细胞功能。

橘子稀粥

原料：

水发米碎90克，橘子果肉60克

做法：①将米碎洗净，取榨汁机，选择搅拌刀座组合，放入橘子肉，注入适量温开水，通电后选择“榨汁”功能，榨取果汁，滤入碗中。

②往砂锅中加水烧开，倒入洗净的米碎拌匀，大火烧开后用小火煮约20分钟至其熟透。

③倒入橘子汁拌匀，用大火煮约2分钟至沸腾，拌匀即可。

橘子酸奶

原料：

橘子肉70克，橘子汁25毫升，酸奶200毫升

调料：

白糖适量

做法：①将处理好的橘子肉切成小块，备用。

②取一个小碗，放入橘子肉，倒入酸奶。

③再加入橘子汁，淋入适量白糖，搅拌片刻使味道均匀。

④另取一个玻璃杯，倒入拌好的橘子酸奶即可。

柠檬

补脑原理

柠檬富含维生素C、碳水化合物、钙、磷、铁、维生素B_1、维生素B_2、烟酸、钾、钠等，对人体十分有益。其中维生素C具有很强的抗氧化性，能够阻止自由基攻击脑细胞，宝宝适量食用可增强记忆，保护大脑，改善记忆。

酸甜柠檬红薯

原料：

红薯200克，柠檬汁40克

调料：

白糖5克，食用油适量

做法：①将红薯洗净，去皮，切滚刀块。

②用油起锅，加入白糖，炒匀，用小火炒至溶化，呈暗红色，注入适量清水拌匀，用大火煮沸。

③倒入红薯拌匀，大火烧开后用小火煮30分钟。

④倒入柠檬汁，拌匀，用大火略煮即可。

菠萝柠檬汁

原料：

苹果75克，黄瓜60克，酸奶120毫升

做法：①黄瓜洗净去皮，切小块。

②苹果洗净，切取果肉，改切小块。

③取榨汁机，倒入切好的材料，注入适量酸奶，榨汁。

④最后倒出果汁，装入杯中即可。

应该进行哪些益智游戏

2岁～2岁3个月益智游戏

玩沙子

游戏准备：小塑料铲、小桶、小水壶。

方法步骤：

①天气晴朗的日子，带宝宝到郊外或附近有沙子的地方玩耍。

②开始的时候，妈妈可以跟宝宝一起挖“山洞”，做小山。

③还可以找一些石子铺设一条小路，在“山洞”附近挖一条“小河”，找一些树枝当做小树栽种在“小河”边。

④如果宝宝不喜欢妈妈的引导，那就让宝宝在沙地上自由地玩耍，让他光着脚丫在沙子上跳一跳，用手抓一抓，慢慢地宝宝就会有自己的创意和玩法。

培养技能：

该游戏可锻炼宝宝手部运动的随意性和准确性，同时开发创新思维和形象思维的能力。

自我介绍

游戏准备：毛绒玩具、录音机。

方法步骤：

①妈妈将一只兔子玩具挡在自己面前，模仿小兔子的声音说：“我是小白兔，白白的身体，长长的耳朵，红红的眼睛，爱吃萝卜和青菜，喜欢蹦蹦跳跳。”

②介绍完之后，妈妈就带着毛绒玩具坐在下面当听众。

③接下来，让宝宝站在对面来介绍自己，引导宝宝说出自己的名字、性别、年龄、喜欢吃什么、喜欢玩什么。

④妈妈可以用手机录下宝宝说的话，然后播放给宝宝听，说得不对的地方可以慢慢帮他纠正。

培养技能：

这个游戏能加深宝宝的自我了解，提高语言表达能力。

热情的小主人

游戏准备：塑料杯、碗等厨房用具。

方法步骤：

①妈妈和宝宝一起玩“做客”游戏，妈妈扮成来访的客人，来宝宝家做客。

②妈妈站在家门外敲门，对宝宝说：“你好，我到你家来做客。”

③宝宝来开门之后，妈妈引导宝宝说一些“你好”“请喝茶”“在我家吃饭吧”“不客气”“再见”等礼貌用语。妈妈可以跟宝宝互换角色，先给宝宝做一个示范，先招待宝宝这个“小客人”。

④等宝宝玩一会游戏之后，妈妈可以邀请宝宝的朋友到家里来玩，让宝宝亲自来招呼自己的客人吧。

培养技能：

教宝宝掌握基本的社交规则和基本礼仪，并强化了宝宝的社会行为。

亲子互动

开始的时候，妈妈可以教宝宝一些常用的礼貌用语，等宝宝掌握之后，再教其他的。游戏中，妈妈还应有意识地渗透一些礼貌用语。这样，既使游戏好玩，又赋予教育内涵。

点豆子

游戏准备：红豆、黄豆、绿豆各7颗，红、黄、绿盘子各一个。

方法步骤：

①妈妈事先将各种豆子混在一起，倒在地垫上。

②让宝宝按照颜色分类，将豆子一颗颗捡起来，然后分别放入与豆子颜色相同的盘子里。

③妈妈可以带领宝宝边捡豆子边唱儿歌，“红豆豆，绿豆豆，我们一起数豆豆，一二三，三二一，一二三四五六七；黄豆豆，红豆豆，我们一起数豆豆，一二三，三二一，一二三四五六七。”

④摆好之后，妈妈告诉宝宝每种豆子的名称以及食用注意。

培养技能：

提高宝宝的分类能力，训练逻辑思维能力和概括能力。促进宝宝认知力的发展，对宝宝情绪、意志及身体发展有着重要意义。

2岁4个月~2岁6个月益智游戏

堆雪人

游戏准备：小铲子、小石子、胡萝卜、小树枝。

方法步骤：

①在下雪的日子，带上宝宝到户外玩耍，一定要做好相关的保暖措施。

②妈妈可以先给宝宝示范做一个大雪球当雪人的身子，然后再滚一个小雪球当脑袋。

③然后引导宝宝用石头做雪人的眼睛，用胡萝卜做雪人的鼻子，再找两根小树枝做雪人的手臂。

④如果宝宝不乐意按照这样来，那不妨放手让宝宝自由发挥自己的想象吧，妈妈只要从旁协助就可以了。

培养技能：

通过与大自然的亲密接触，提高宝宝的动手能力，同时训练宝宝的耐寒性，提高免疫力，增强体质。

问题在哪里

游戏准备：袜子、鞋子、牙膏、牙刷。

方法步骤：

①妈妈先帮宝宝穿好一只鞋，然后套上一只宽松的袜子。妈妈先不要说话，观察宝宝会不会发现有什么问题，并且纠正妈妈的错误。

②妈妈把牙膏挤到牙刷的背面，而不是牙刷的刷毛上。再让宝宝看看哪里不对劲，看看宝宝做什么反应。

③妈妈还可以故意穿两只不一样的鞋子，假装要出门，看看宝宝会不会发现妈妈犯的错误。

④当宝宝发现并且指出错误在哪儿的时候，妈妈要鼓励和夸奖宝宝；当宝宝不能及时发现错误时，妈妈要适度引导宝宝发现错误。

培养技能：

培养宝宝精细动作能力以及发现问题、解决问题的技能。

小帮手

游戏准备： 家里的生活用品。

方法步骤：

①妈妈在扫地的时候，需要一个铲子把垃圾扫进垃圾篓，这个时候可以对宝宝说：“宝宝，快来帮妈妈用铲子装垃圾。”

②起床时，妈妈可以对宝宝说：“宝宝，快帮妈妈拿衣服，妈妈要穿衣服起床啦。”

③宝宝帮忙之后，要让他知道他真的帮到了忙。给宝宝一定的机会，你会发现宝宝不但很听话，还能帮上许多忙呢。

培养技能：

偶尔让宝宝帮个忙，可以培养宝宝了解别人的观点，帮助别人达成他的需要，增加宝宝的爱心及合作精神。

亲子互动

在宝宝越帮越忙的时候，最需要爸爸妈妈给予多一点耐心和宽容。爸爸妈妈只有经过耐心、恰当地引导，才能使宝宝掌握一些基本技能，使宝宝建立劳动和责任的概念。

超市购物

游戏准备： 菜篮子、水果、蔬菜、小玩具、钱币。

方法步骤：

①准备10元、5元、1元、5角、2角、1角等钱币各1张。

②在客厅摆上两张小桌子当做货架，摆上玩具、水果和蔬菜，爸爸当店里的售货员。

③妈妈带着宝宝，拎着菜篮子，一起来购买物品。

④妈妈买一件物品之后，让宝宝也随意挑选一件物品，并问宝宝所挑选的物品叫什么名字，然后给售货员爸爸一点钱，并告诉宝宝，购物的时候选好自己要的东西之后，就可以付钱了。

⑤每次都购买一件物品，多次反复。

培养技能：

提高宝宝的认知和语言能力，培养宝宝的一些生活常识，并了解简单的购物、付钱、贵、便宜等关系。

2岁7个月～2岁9个月益智游戏

踢球射门

游戏准备：两根木杆、两个相同的彩色皮球。

方法步骤：

①爸爸先将两根木杆立起来，然后告诉宝宝这是球门。

②爸爸先拿着球告诉宝宝踢球游戏的规则，自己示范一遍，然后鼓励宝宝将球踢进球门。

③当宝宝踢进球时，一定要夸奖和喝彩，以激发宝宝对运动比赛的兴趣。

④等宝宝慢慢熟悉踢球之后，爸爸还可以跟宝宝进行比赛，看谁踢进球的次数多。

培养技能：

这个游戏能训练宝宝腿部的肌肉，增强身体的平衡力，培养判断力和运动的灵活性。

带妈妈回家

游戏准备：照相机。

方法步骤：

①妈妈带着宝宝在附近的户外玩耍，在去户外的途中，妈妈可以边走边给宝宝介绍沿路的风景和建筑物，并且拍照保存下来。

②玩累之后准备回家了，妈妈这时可以假装迷路，然后问宝宝：“妈妈不知道回家的路了，宝宝还记得吗？”

③如果宝宝记得的话，就让宝宝带你回家吧。如果宝宝记得不太清楚，妈妈可以引导宝宝打开拍摄的照片，回忆照片上这些风景和建筑物都在哪里见过，直到宝宝能回忆起回家的路线为止。

④就这样，妈妈跟在宝宝的后面，让宝宝学习回忆并且牢牢记住回家的路。

培养技能：

通过游戏可以强化宝宝的记忆力，将无意识的记忆强化，从而增强宝宝的生活能力，还能培养宝宝的自信。

记一记，找一找

游戏准备：小狗、小猫、小兔的图片各一张。

方法步骤：

①妈妈先将3张卡片放在地垫上，跟宝宝一起来认一认上面的动物，并让宝宝尽量要记住。

②让宝宝闭上眼睛，妈妈悄悄拿走一张图片，再让宝宝睁开眼睛看看少了哪一个动物图片。

③妈妈还可以将3张卡片倒扣在地垫上，然后让宝宝记住它们相对应的位置，妈妈接着问：“兔子在哪里呢？”让宝宝凭着记忆找出兔子藏在哪儿。

④等宝宝慢慢熟悉游戏之后，妈妈可以跟宝宝互换角色继续玩游戏。

培养技能：

该游戏可以训练宝宝的记忆力、观察力和对应能力。

练习用筷子

游戏准备：宝宝专用筷子、小碗、海绵、小玩具等。

方法步骤：

①妈妈可以先给宝宝示范拿筷子的正确姿势，然后教宝宝拿筷子的方法，可以让宝宝一边学习一边模仿。

②等宝宝的筷子拿得有模有样之后，妈妈可以将海绵块、小玩具等逐一放入到一个碗中，将另一个空碗并排挨着，然后鼓励宝宝试着用筷子将碗中的物体转移到另一个碗中。

③等宝宝能够成功完成任务之后，妈妈可以试着拉大两个碗之间的距离，也可以换一些比较小的物体给宝宝夹。

④在宝宝反复练习使用筷子之后，可以鼓励宝宝吃饭的时候使用筷子。

培养技能：

本游戏能训练宝宝小手肌肉的灵活性和控制能力及生活自理能力，并通过手部肌肉的活动刺激脑细胞，促进大脑的发育。

亲子互动

开始让宝宝夹的物品，尽量选择大小适中、不宜滑落的物体。在宝宝不断尝试的过程中，妈妈可以按照从易到难的程度来变换宝宝要夹的物品。每次练习的时间也不要过长，以免引起宝宝手部肌肉疲劳。

2岁10个月~3岁益智游戏

小熊生病了

游戏准备：一只小熊玩偶。

方法步骤：

①妈妈把小熊玩偶带到宝宝的床上，然后对宝宝说："小熊生病了，躺在床上休息呢，宝宝去看看他吧！"

②妈妈可以先给宝宝示范看病人的基本礼仪：去看望病人的时候，可以带一些水果或者补品，还要说一些安慰的话，并要祝愿病人早日康复。

③接着让宝宝自己来看望一遍"病人"，这时妈妈可以代替小熊，跟宝宝互动和交谈。等宝宝懂得怎么说之后，要及时地给予宝宝赞扬和鼓励。

培养技能：

这个游戏通过宝宝和妈妈的互动，让宝宝初步了解看望他人、关心他人的方式，并学习相关的礼仪和规则。

全家人的接球游戏

游戏准备：一个小皮球。

方法步骤：

①爸爸、妈妈和宝宝3个人围成圈站好，各自之间保持大概1米的距离。

②爸爸先拿着球，给宝宝示范一遍，先将球抛给妈妈，妈妈示范接球动作，伸出双手来接球。

③接着，让妈妈将球传递给宝宝，宝宝接住球之后再抛给爸爸。

④根据宝宝第一次的抛球和接球情况，爸爸、妈妈可以适当调整距离宝宝之间的站位。再反复进行多次的训练。

培养技能：

这个游戏能训练宝宝抛接物体的技能及手眼的协调性，促进其空间知觉的发展，增强宝宝的感受力。

认识时间“伯伯”

游戏准备：时钟。

方法步骤：

①妈妈先准备一个时钟，然后和宝宝开始体验一天的生活。

②当钟指着8点时，妈妈可以指着钟告诉宝宝：“现在8点，是起床、吃早餐的时间啦。”然后让宝宝自己穿衣、刷牙、吃早饭。当钟指着12点时，妈妈指着钟告诉宝宝：“现在12点，是吃午饭的时间。”然后让宝宝准备吃午饭……

③此外，妈妈还可以试着教宝宝一些关于时间的词汇和短语，如“刷完牙之后，宝宝就要上床睡觉”或“吃饭之前，宝宝一定要洗手”等等，通过耳濡目染，宝宝就会对这些经常使用的时间副词很熟悉了。

培养技能：

通过学习时间，让宝宝懂得语言能表达事情所发生的时间，这样有助于训练宝宝表达时序和规划好未来的能力。

亲子互动

宝宝的思维都是具体形象化的，为了帮助宝宝更好地认识并且记住时间，爸爸妈妈可以和宝宝一起，让钟表上的时间更加形象化、具体化。例如：在七点贴上面包，表示七点要吃早餐了。

多元智能的开发

语言能力

★养成宝宝阅读的习惯

要真正掌握语言，最好的办法莫过于阅读了。阅读是发展语言能力的加速器，是提高书面写作能力的重要途径。宝宝早期阅读的目的不是让他一定要看懂，而是要让宝宝养成阅读的好习惯。也许目前宝宝的兴趣还停留在撕书、咬书上，但这并不代表着宝宝现在的阅读没有意义。等到有一天宝宝突然爱上阅读时，前面那些看似的“无用功”就绝对是功不可没的了。

在为宝宝选择书籍时，爸爸妈妈要注意这个年龄阶段的宝宝看的画片不宜太小，最好一张图片上只有一个图像，以免图片上图像太多，分散宝宝的注意力。

开始先让宝宝看内容简单的图片，如日常生活用品，各种交通工具，各种动物等。爸爸妈妈可问他这是什么，让宝宝自己说出。如宝宝不会说，爸爸妈妈可以告诉他画面内容，再让宝宝自己看，这样宝宝就容易记住图片内容了。

画册比图片内容更丰富，它的每一页都是简单的单个图象，连起来就是一个完整故事。宝宝边看画册，边听爸爸妈妈讲解画册内容，他得到连贯印象，展开想象，丰富了内心世界。看画册时还可让宝宝学会自己翻书，教他用手指一页一页地翻书，让他找自己喜欢看的图画。爸爸妈妈可以让宝宝看图学说话，训练宝宝的语言能力，任他边翻看书边自言自语，让他任意发挥，随着词汇量的扩大，可由单词过渡到简单的句子，念儿歌。

要培养宝宝爱护画册，不折书，不撕书，看完后收藏好的良好习惯。同时要教宝宝在看图片或画册时保持正确坐姿，眼睛和画册保持适当的距离，从小养成用眼卫生习惯。爸爸妈妈还可将画册各页拆开再粘成连续的长卷，制成“儿童电影”，自制一个木架，木架两旁有一根活动转轴，把画卷卷在一根轴上，一端附在另一根轴上，爸爸妈妈可边转动画面边讲故事，更能引起宝宝的兴趣。

这样慢慢在文字、图片环境的熏陶之下，会让宝宝逐渐产生浓郁的兴趣，并想要尝试着慢慢将自己学习到的东西与别人分享与交流，在这样的过程中，语言自然就形成了。

★给宝宝朗读

无论宝宝的年龄如何，经常给宝宝讲故事、朗诵，无疑都是促进宝宝语言智能发展的好方法。

朗读除了可以诱导宝宝对语言的兴趣外，还能帮助宝宝学习聆听、辨认声音、识别单词。即使宝宝因为太小而不能理解话语的意思，也可以从中获得一种语言之间细微差异的正确评价，有利于宝宝成为终生爱书的人。

在宝宝掌握一定量的词汇之后，爸爸妈妈可以为其选择适合的书籍，鼓励宝宝自己大声地朗读出来。随着朗读量的增加，宝宝语言表达能力以及对问题的思考能力也会逐渐增强，从而有利于宝宝取得更大的成功。

此外，爸爸妈妈在早期诱导宝宝读书时，切不可朗读宝宝不感兴趣的书籍，更加不能将朗读作为一种惩罚。爸爸妈妈可以采用亲子共读的策略，这样不仅有利于亲子之间的情感交流，对宝宝心理、情绪、社会交往等健康发展同样具有深远的意义。

★教宝宝说出完整的句子

两岁多的宝宝已经能用200～300个字了，他们不但能从爸爸妈妈那里学习语言，还能把储存在大脑中的单词、语句进行加工整合，变成自己的语言，但可能不是完整的句子。

此时，宝宝已经能根据自己对事物的认识和理解，用自己对词句的理解来描述事物、表达看法、提出建议和意见。也正是教宝宝说完整句子的时候，即包括主语、谓语、宾语的句子，如“我要吃饭”“我喜欢兔子”等，同时也可以教宝宝一些简单、常用的形容词。这样从早期开始对宝宝进行语感训练，有利于宝宝以后写作和理解能力的提高。语言能够促进宝宝智力发展，智力发展又帮助宝宝理解语言。

动作能力

★宝宝身体灵活性的训练

对宝宝进行身体灵活性的训练能够提升宝宝的运动智能，开发宝宝的智力。且身体灵活性好的宝宝，往往表现得更加聪慧好学，思维敏锐。

身体灵活性的训练能让宝宝合理精确地利用他们的身体和使用其他物品的能力。而宝宝身体运动能力的发展，就是满足宝宝对运动的欲望与兴趣，在热衷于自己觉得有趣的活动中尽兴地玩，从活动中提高能力，促进健康。因此，在爸爸妈妈与孩子平时的相处嬉闹中蕴藏着许多运动能力训练的契机。

爸爸妈妈可以利用现身教法，感染带动宝宝喜欢体育运动，并养成习惯，从而提高身体素质及运动能力，如打羽毛球、游泳等都是不错的运动项目。此外，爸爸妈妈要注意锻炼活动的时间，量有了保证，不等于保证了质。每天跑一跑、跳一跳，形式化地做些运动，并不能真正解决问题。爸爸妈妈要根据自己宝宝的特点，从实际出发，选择适当的形式，保证适当的活动量和运动强度，真正调动每一块肌肉、每一根神经参与其中，使宝宝真正得到锻炼。

★培养宝宝的协调能力

这个时期的宝宝运动神经已经得到了很大的发展，他们能够保持全身的平衡，运动能力也更强，甚至做一些较复杂的动作如调节跑步的速度，跑步时突然转变跑步的方向，甚至来个急转弯都没有问题。所以，此时开展一些舞蹈和体操的运动，是训练宝宝协调能力的最好时机。

大部分的宝宝对于音乐和舞蹈有着极大的兴趣，爸爸妈妈可以抓住这个特点，借助促进宝宝的动作和运动智能的发展。播放音乐的时候，宝宝会根据音乐的刺激控制、协调自己的动作。而体操则是把需要锻炼的大肌肉运动都融进操节之中，比任何其他活动的运动锻炼更为全面。做操时，躯干及四肢的大肌肉有节奏地收缩和放松，不会遗漏，也不会持续紧张。但一定要注意适度，避免肌肉拉伤。

如果经常在音乐声的伴奏下做操，可以训练宝宝动作协调性和节奏感。体操不应该是僵硬死板的，而应更多地考虑到宝宝的个性发展。宝宝的体操是根据形体美及身心发展的规律编制的，长期坚持这套动作有利于宝宝身体的各个部位得到健康而又标准的成长。也可以让宝宝做模仿操，主要是模仿一些动物的姿势，这也会让宝宝乐而不倦的。

协调能力的发展能促进小脑的发育，改善宝宝小脑神经元的生长，有效提升宝宝大脑和小脑神经元传导的效能，让宝宝的动作和智能得到同步发展。

★调动宝宝的运动兴趣

爸爸妈妈有目的地训练宝宝的运动能力，是有必要的，但是不要把运动当成单调的技能训练，像运动员那样枯燥、严肃，这样会影响宝宝对运动的积极性。将运动锻炼游戏化才能吸引宝贝的兴趣，他才会跟爸爸妈妈积极配合，这一点对低龄宝宝很重要。为此，爸爸妈妈可以时常编造一些情境和故事，这样就可以让宝宝放松地在游戏中得到锻炼了。

比如跑步，可以事先在路对面放点玩具，然后爸爸妈妈可以编故事：“你愿意当一只可爱的小白兔吗？在路的那头有好多大萝卜，咱们一起比赛摘萝卜，看谁先摘到大萝卜。跑喽！”边说“小白兔”“大萝卜”边跟宝宝一起跑，跑到对面再转回来，宝宝累了就休息一会儿，再玩其他运动游戏。也可以带宝宝到一些休闲娱乐场合去玩那些大型器械，这也是促进身体运动的好办法，但是一定要为宝宝做好周边的安全保护。

认知能力

★归属意识的形成

在宝宝成长的过程中，他们会通过自己日常的观察，辨认出家里哪些东西是自己的，哪些东西是属于家里哪个成员的，这种归属意识的逐渐形成是在认知能力上的大进步。

在这种意识形成的过程中，宝宝好像变自私了，自己的东西不让别人碰，不要觉得宝宝小家子气，这其实正是宝宝自我归属意识的一种体现。此后，宝宝的自我意识和独立行动倾向会逐渐发展起来，对于不管是自己能做的还是不能做到的事情，宝宝都想尝试一下，甚至不愿意要别人的帮助。

例如，吃饭的时候不用妈妈一勺一勺地喂了，而是骄傲地要自己吃饭；穿衣服的时候不再是乖乖地配合，而是想自己来；出去玩的时候，不再是躲在爸爸妈妈后面的胆小鬼了，而是勇敢走出去跟其他小朋友打成一片。

宝宝的独立性使他的自我意识逐渐明显起来，知道了“我”与别人的区别，在语言上也能区分“你”“我”，在行动上也慢慢要求“自己”来，爸爸妈妈这个时候应该顺势加强宝宝在这方面的意识，让宝宝知道什么东西是自己的，让他对归属感有一个正确的认识。在这个宝宝自我意识形成的主要时机，爸爸妈妈还能有效地培养宝宝的内省智能。

★时间观念的形成

时间观念并不是与生俱来的，如果爸爸妈妈没有教宝宝认识时间，可能宝宝很大了还不能理解时间的概念。此时，培养宝宝对时间观念的正确认识和理解，能让宝宝合理地规划和利用时间，更会使宝宝受益终身。

在宝宝认识时间的初级阶段，要尽量避免过于概念化，尽量以宝宝听得懂的语言来具体化时间，通过事情和事物来表示时间，如“刷完牙之后就上床睡觉”而不是说

“9点钟之后就上床”等，这样更有助于宝宝的理解，让宝宝逐渐适应时间的变化。

伴随着宝宝认知水平的不断发展，爸爸妈妈可以逐步把宝宝的生活和具体的时间结合起来。比如“太阳出来了，7点钟宝宝要起床啦”“洗完手之后，12点开始吃午饭”等，通过技巧性的语言，慢慢将具体的时间观念在无形之中灌输到宝宝的脑子里，让宝宝逐渐加深对时间的认识。

另外，还可以利用宝宝的兴趣爱好加深宝宝的时间观念。如果宝宝爱唱歌，可以教宝宝唱一些与时间有关的儿歌，如“太阳公公起得早，我们大家来做操”“小燕子穿花衣，年年春天来这里”等。

★探索因果关系

随着宝宝的成长，好奇心的加重，可能会对很多事情产生探究欲。一些行为会引起一件事情的发生，宝宝也会逐渐发现并且理解这种简单的因果关系。而爸爸妈妈可以寻找一些有趣的现象帮助宝宝探索，更好地理解因果关系，训练宝宝的逻辑能力。

逻辑能力的培养最直接有效的方式就是亲身经历了，爸爸妈妈要多给宝宝这样的机会，让他有兴趣去尝试各种事物。

在体验的过程中，或许宝宝就能慢慢理解到：原来所有事情的产生都是有原因的。有些事情是自己可以改变的，有些事情是自己无能为力的。不管是对自然的探索，还是对科学的探究，这些无疑都促进了宝宝对未知世界的认知。

生活中，爸爸妈妈可以通过日常小实验来为宝宝解释各种科学大道理。比如用“踩影子”游戏，让宝宝了解光的奥妙；观察打雷和闪电，告诉宝宝声速和光速的较量等。通过这些生活中的小事，让宝宝慢慢了解万物的奥妙。

创造能力

★认真回答宝宝的“为什么”

每一个宝宝都是有满脑子问号的小精灵，在询问期大脑迅速发展，随之也会促进语言与智力上的发展。提问是思索未知的钥匙，爱提问题的宝宝更加热衷于探索一切未知的东西。爸爸妈妈对宝宝的问题应答得当，就能促进宝宝创造力的健康发展。那当爸爸妈妈面对宝宝无数个“为什么”时，究竟该如何回答呢？

认真对待宝宝的问题

面对宝宝千奇百怪的问题，如果爸爸妈妈敷衍了事、粗暴制止、不懂装懂，不仅会挫伤宝宝提问的积极性，还会使其智慧的萌芽逐渐枯萎。

不要打断宝宝的问题

无论你多心烦，都不要说：“不准问。”即使在你看来非常可笑的问题，也要耐心回答，因为只有保护和提高宝宝提问的兴趣，才能使他们的思维更广阔、更自由。

尽可能马上答复

宝宝的注意力不易持久，如果不马上回答，他也许就忘掉了问题，或者兴趣降低。当然，立即回答并不是马上把标准答案直接“告诉”宝宝，而是要立即受理宝宝的提问，并促进宝宝对有关问题的思考。

尽量保持答案简单

爸爸妈妈在回答宝宝的问题时要根据其年龄特征和接受能力，尽量做到简明、准确、通俗、生动。宝宝不需要知道最科学严谨的答案，用他听得懂的词语回答就行了。

认同宝宝

每当宝宝提出一个问题时，无论对错，爸爸妈妈都应该表示赞赏，让宝宝感受到爸爸妈妈也和他一样兴奋、惊奇，从中得到满足，并且会继续提问。如果爸爸妈妈表示不耐烦，嘲笑讽刺，甚至贬低问题的价值，就会打击宝宝提问的热情。

以答引思

有些提问有多个答案，如果以一概全，简单作答，是不科学的。爸爸妈妈应该向宝宝提问，用反问、设问等方法引导宝宝去思考，使宝宝能从多角度看待和分析事物。爸爸妈妈巧妙启发，可点燃宝宝思维的火花，培养其发散性思维。

★诱发宝宝的想象力

创造思维不同于一般思维之处在于有创造想象成分的参与。宝宝天真发问或用想象来解释问题时，爸爸妈妈都要积极地诱导。

同时，爸爸妈妈还要积极引导宝宝参加各种活动，促使他们广泛而仔细地观察、比较和体验，使之头脑中形成丰富准确和鲜明的印象，更好地发展创造力。不过善于思考的宝宝可不会拘泥于传统的玩法，他们会萌生出无穷的好奇心，并且会对习以为常的东西产生新的想法。这时，爸爸妈妈不要觉得可笑，可以多问宝宝的想法和感受，可以跟宝宝一起改造玩具、改造游戏，尽情发挥他的创造。

对于宝宝而言，游戏就是学习，很多宝宝会在玩耍的过程中发现问题，在宝宝提问题的背后往往隐藏着更深刻的主题，他们在用提问题的方式理解这个世界，满足其对世间万物的好奇心。因此，宝宝的每一个问题都充满了创造性的智慧，而作为爸爸妈妈能做的就是保护宝宝的好奇心、诱发他的想象力。

★音乐、绘画、讲故事培养创造性思维

心理学家和教育学家一直认为音乐是促进宝宝身心发展的好方法。因为音乐会促进右脑的发育，此外，还可以丰富宝宝的精神世界。在优美的音乐中，宝宝情绪会兴奋愉快，这个时候，宝宝的创造性思维就处于最佳的状态。

绘画也可以促使宝宝右脑的发育，增强宝宝的创造性思维。因此，爸爸妈妈应该鼓励宝宝多接触音乐和绘画，并且给宝宝一个自由的欣赏和实践的空间，随心所欲地画，自由想象地听。

平时爸爸妈妈还应该多和宝宝进行对话，多给宝宝讲故事。在跟宝宝说话时，要因势利导，抓住机会，针对宝宝感兴趣的话题展开对话，这样可以促使宝宝启动思

维，即兴表述出生动的语言。例如，在给宝宝讲故事的时候，可以给宝宝一个开放式的结尾，让宝宝发挥自己的创造性思维，并结合之前的故事情节，进行合理又有创造性的推断，完成故事。

社交能力

★有爱心的宝宝惹人爱

爸爸妈妈在爱宝宝的同时，要学会引导宝宝对爱自己的人产生感激和回报之情，并尝试用力所能及的方式来回报自己得到的关心。

平时可以让宝宝知道，爸爸妈妈既要照顾宝宝，还要努力工作，所以宝宝要多多地体谅和关心爸爸妈妈，并帮忙做一些力所能及的事情。

很多家庭都喜欢一味地娇惯宝宝，执着于单方面的付出，导致宝宝认为所有的关爱和照顾都是理所应当的，不懂得体谅别人。爸爸妈妈可以告诉宝宝付出的感受，告诉宝宝爱与爱之间是相互的。

在宝宝对外社交的过程中，要试着教宝宝把爱心传递到家庭之外的地方。在宝宝与其他小朋友交往的过程中，爸爸妈妈要告诉宝宝与同伴分享自己的玩具和食物。跟别的小朋友闹矛盾之后，爸爸妈妈要鼓励宝宝与小朋友和好，对于自己的错误要勇于承认。

相信只要经过爸爸妈妈的悉心引导，宝宝一定可以成长为一个让人喜爱的乖宝宝，这也将为宝宝未来的人际交往带来无穷的幸运。

★教宝宝学会谦让和尊重

培养宝宝谦虚和礼让的精神，是社交中的一个重要技巧。在同龄宝宝中，如果宝宝表现出谦让的气质，例如：愿意把自己的玩具或食物跟别的小朋友分享，当然能得到很多小朋友的喜欢。而长辈当然也很喜欢谦让的宝宝。

谦让的美德绝不是宝宝自己创造出来的。在日常生活中，爸爸妈妈可以通过具体事件来教育宝宝，也可以通过童话和寓言故事中慷慨、谦逊的形象来教育宝宝，让宝宝逐渐有谦让的意识，学会谦让。

学习了谦让和尊重他人，日常生活绝对是宝宝实战演习的场所。比如，吃东西时，先让弟弟、妹妹挑；坐公交车时，看见老爷爷、老奶奶一定要让座。此外，还要懂得尊重他人。比如，在公共场合不要大声喧哗影响他人等等。

爸爸妈妈在日常生活中教会宝宝一些必要的交际技能，这样有助于宝宝在与别人交往的过程中获得成功，发展良好的人际关系。

★鼓励宝宝解决问题

相信每一个做爸爸妈妈的都有很多这样的经历：看到自己的宝宝与小朋友发生冲突，就会立即上前制止，激动的时候，甚至会出现粗暴的行为。

虽然从表面上看爸爸妈妈这样做似乎阻止了一场“灾难”的发生，但实际上对宝宝交际能力的发展没有丝毫促进的作用，相反还会误导宝宝，让他们以为遇到问题应该粗暴地来处理或者应该等待别人来处理。

当面对宝宝与其他小朋友发生冲突的时候，建议爸爸妈妈们先不要介入，可以先在一旁观察宝宝的情绪以及处理问题的方式。如果处理得好，大人应该及时地进行鼓励和表扬，告诉他为什么这样做好；如果宝宝处理得不好，大人这个时候再介入也不迟。

此外，对于冲突中的委屈，爸爸妈妈要民主地给宝宝一个申辩的机会，千万不能抱着对宝宝的偏见武断地来裁决问题。对宝宝的行为一定要有一个客观公正的评价，并适当地给宝宝提出一些合理性的建议，这样才能帮助宝宝理智地看待和分析自己的行为，并及时地做出调整。

不管怎样，宝宝受到欺负都不是一件好事，但是吃一堑长一智，如果爸爸妈妈能引导宝宝从冲突中学到更多、更好的社交技巧，相信也是一种不错的教育方式。所以，当宝宝遇到问题之后，爸爸妈妈不妨放手让宝宝自己来解决问题吧！

情绪管理能力

★给宝宝处理消极情绪的机会

当宝宝发脾气时，爸爸妈妈会本能地想要“救火”。如果爸爸妈妈认识到消极情绪的意义，就不会再急于让消极情绪消失，而是要尽量给宝宝机会，让他感受、识别，同时自己锻炼着平复下来。宝宝每平复一次自己的情绪，他对情绪的控制能力就得到了一次锻炼。

所以，当发现宝宝有点情绪时，如果他不需要帮助，这时就是让宝宝自己处理消极情绪的机会。当宝宝真的因为太委屈而哭泣时，也不要说太多的话，摸摸头，帮他擦干眼泪。如果是宝宝特别不讲理的哭闹，爸爸妈妈要适当地教育，有时这种严厉的话语能帮宝宝看清自己行为的后果，看到引起的反应，当宝宝自觉理亏时，理智就开始恢复，就能自己战胜情绪了。

在这个过程中，如果爸爸妈妈尽量保持中性态度，就能帮助宝宝更好地平复情绪。其实很多时候，宝宝是被爸爸妈妈的坏情绪火上浇油，最后甚至学会利用消极情绪来“掌控”爸爸妈妈。

★跟宝宝一起品味美好

生活中美好的事物总是能带给人积极、乐观的情绪。在宝宝情绪形成的过程中，多让宝宝接触一些美好的事情，有助于其良好情绪的成型以及提高对自我情绪的掌控能力。所以，不妨跟宝宝一起多多品味身边的美好吧！

品味美好有很多方法，可以随时给宝宝指出值得品味的各种细节。生活中的点滴很容易被忽略，当爸爸妈妈将这些指给宝宝看，就是在延长这些瞬间、扩大这些细节。比如，夕阳西下，有人看到的是天黑，有人看到了火烧云；大雪漫天，有人看到的是寒冷，有人看到了冰雪奇妙世界。世界有时候就是这么奇妙，只要有心你总是能看见美好，而学会欣赏美则是爸爸妈妈能留给宝宝最珍贵的礼物。

品味美好的另一个重要方法就是分享，但不能强迫宝宝去分享。要鼓励宝宝主动分享，他才能感受到其中的乐趣。宝宝之所以有时不愿意分享，是因为他对所有权还缺乏安全感，逻辑思维能力也有限，对环境感到不可控、难以预期，这些大人都要一一理解。

分享好东西，把美好加倍，这是人的天性。多关注生活中的美好事物，跟宝宝一起多增加一点积极的元素吧。

★引导宝宝学会控制情绪

良好的情绪发展有利于提高宝宝的情商。当宝宝做事遇到挫折或者情绪激动时就容易发怒，这时很多宝宝对自己的愤怒情绪束手无策。

如果此时宝宝的情绪能得到适当地引导，对宝宝学会控制情绪是很重要的。那在情绪引导的过程中爸爸妈妈到底应该怎么做呢？

接纳并理解宝宝的情绪

妈妈可以拥抱宝宝，给宝宝一个温柔的眼神，询问他：“你是不是觉得很生气？”用表情和体态告诉宝宝，爸爸妈妈在试图理解他，在倾听他的声音，宝宝就会觉得欣慰了。同时让宝宝明白，自己现在的情绪原来是一种叫“生气”的东西。

引导宝宝表达情绪

在接纳和理解的基础上，爸爸妈妈要引导宝宝学会用适当的方式表达自己的愤怒情绪。比如跟宝宝约定生气的时候就去拍球，爸爸妈妈生气的时候也会这样做。宝宝如果对拍球很感兴趣，可能很快就会忘记拍打的原因。

教宝宝学会倾诉

爸爸还可以告诉宝宝，生气的时候可以告诉你最好的玩具小熊，小熊会理解宝宝的，这样宝宝在倾诉的过程中，愤怒情绪就会烟消云散。

给宝宝独处的空间

宝宝稍微大点的时候，爸爸妈妈可以给他一定的情绪空间，让他独立处理自己的情绪。等宝宝情绪过去之后，再给宝宝一个拥抱，跟宝宝谈论发生了什么，宝宝的处理方式是不是正确。慢慢地，宝宝就能学着控制自己的愤怒情绪了。

生活自理能力

★教育宝宝从最简单的事做起

宝宝最先学会的往往是最简单的动作，然后才开始学较复杂的动作。如：宝宝吃食物的动作的发展顺序一般是，先学会用手抓东西吃，接着学会用手捏东西吃，最后才学会用勺子舀东西吃。学习用勺子时，宝宝先学会用勺子舀东西，然后学会把勺送进嘴里。

因此，爸爸妈妈应该遵循宝宝动作发展的规律，把握好训练的进程，只有这样，宝宝的生活自理能力才能得到迅速提升。千万不可急于求成，要给宝宝一个慢慢成长的过程，从小事中获得成长的经验值，逐渐锻炼宝宝成为一个自给自足的人。

★教育宝宝自己的事情自己做

现代家庭基本都是独生子女，爸爸妈妈对宝宝各方面的投资越来越多，却忽视宝宝自理能力的培养，对宝宝过分宠爱，事事包办代替，成了宝宝独立性发展的最大障碍。所以，在培养宝宝生活自理能力的道路上，爸爸妈妈不要过于溺爱宝宝，教育宝宝自己的事情要自己做。

宝宝对于新鲜的事物总是感兴趣的，对于帮助爸爸妈妈做一些事情也总是持积极态度的。爸爸妈妈要注意引导宝宝发现身边有许多有趣的事情，有意识地要求宝宝自己干自己能干的事情，从收拾自己的玩具、打扫房间的卫生、洗小衣物等小事做起，以培养对劳动的兴趣。

此外，在宝宝学习一些生活技能的时

候，爸爸妈妈一定要给予宝宝最多的支持和鼓励。千万不要在宝宝失败之后讥讽和嘲笑，也不要将他与别人家的宝宝做比较。

每个宝宝都有自己的独特之处，或在语言上，或在行动上，或在创造上，所以当宝宝做得不够好的时候，爸爸妈妈要相信宝宝只是在这个方面上不擅长而已。

★让宝宝从失败中学会成长

很多爸爸妈妈总是表现出对宝宝过多的关爱，以至于将宝宝养成什么都不敢做的“胆小鬼”，因为他们曾经得到诸如“这些事情你做不好”“那些事情不用你做”……此类的教育。

所以，很多时候，爸爸妈妈即使在知道宝宝哪些事情做不好的情况下，也应该试着放手让宝宝来一次。让宝宝不仅仅只是体会到成功的喜悦，偶尔也尝试着在失败中成长。

自理能力是需要在实践基础上培养起来的，在实践中完全有可能出现宝宝尽管很努力，还是把事情搞“砸锅”的情况。

爸爸妈妈应注意不能因噎废食，认为宝宝还小，等长大了再说吧，以后宁可自己做也不让宝宝动手了。那样只能使宝宝的自尊心、自信心受到伤害，刚刚培养起的自理能力半途而废。

在宝宝能活动之后，要放手让宝宝自由行动，使其充分运用其智力和能力，获得成功或者失败的感受，然后爸爸妈妈再给宝宝以鼓励，告诉他在做这类事情时怎样才能达到成功的目标。让宝宝从失败到成功的过程中，慢慢学会更多的生活技能和做人的道理。

★2～3岁宝宝力所能及的事情

爸爸妈妈们从宝宝出生后，给予他的照顾总是无微不至的，衣食住行无一照顾不周，而往往却忽视对宝宝独立自理能力的培养。其实宝宝快3岁了活动能力已经有很大的进步，此时爸爸妈妈应该适当地放开手，为了宝宝的将来，要逐渐培养宝宝的独立性，以便日后能快速适应充满竞争的社会生活。那此时宝宝力所能及的事情都有哪些呢？

独自吃饭

1岁的宝宝就能用小勺自己进食，虽然会洒得到处都是，但是爸爸妈妈应该予以支持，因为这样的练习可以很好地锻炼宝宝的臂力和手眼协调能力，慢慢就能完全掌握用小勺吃饭的技巧。

爸爸妈妈要注意吃饭时必须排除电视和其他事物的干扰，让宝宝专心吃饭，对宝宝的成功要予以表扬，对他的失败要表示安慰和鼓励。学会独立吃饭的宝宝对未来的学习将更有信心。

做家务

开饭帮忙分发筷子、搬小板凳、把小零食从超市拎回家、把鞋子摆好等等，都是3岁宝宝力所能及的事情，爸爸妈妈可以多挖掘类似的家务，让宝宝去完成。任何劳动都能锻炼宝宝的体力和协调能力，而适当做家务，更会让宝宝觉得自己是个有用的“人”，而不只是个小宝宝。

独自穿衣服

爸爸妈妈平时做好解开和系上扣子、穿鞋脱鞋、穿脱套头短袖等单项练习示范，让宝宝跟着一起做，一开始可以稍微予以帮助，和宝宝一起提高技巧，慢慢地完全放手，仅从旁予以指导。穿衣服需要动用宝宝手、脚、眼和四肢，因此能很好地锻炼宝宝全身的协调性。

独立整理玩具

这与其说是能力培养，不如说是好习惯的培养。3岁的宝宝，他已经有足够能力把玩具收拾好了，爸爸妈妈只需要适时提醒和督促就可以。坚持让宝宝自己整理玩具，能培养他的责任心，还能让他懂得整齐干净的重要性，以提高宝宝的修养。

上幼儿园

上幼儿园是宝宝走向独立非常关键的一步，也是非常必要的一步。在幼儿园，宝宝将要克服很多困难：要融入新环境、要学会服从老师的教导、要学会和众多小朋友相处……正因为有如此多的困难，才更锻炼宝宝的独立能力。

等走过了这一关，宝宝就可以离开狭小的温室，开始在阳光雨露下快速健康成长了。